내면가족체계(IFS) 치료와 영성

열린 마음의 치유 여정

Thomas R. Holmes 저 | **손성희 · 채유경** 공역

학지사

Parts Work: A Path of the Heart
Healing Journeys Integrating IFS and Spirituality
by Thomas R. Holmes

역자 서문 1

IFS 치료사로서 가장 존경하는 인물을 꼽으라면, 단연 내게는 이 책의 저자인 톰 홈스이다. 그의 첫 번째 저서인 『Parts Work: An Illustrated Guide to Your Inner Life』(우리나라에는 '소인격체 클리닉: 그림으로 안내하는 내면의 삶'으로 번역되었다)를 읽고, 간결하면서도 풍부하고 멋들어지게 IFS(Internal Family Systems) 치료를 설명하고 있는 것에 큰 매력을 느꼈지만, 그보다 더 내게 매력적이고 존경스러웠던 것은 그의 인간을 대하는 태도 그 자체였다.

그를 집으로 초대해 식사를 하며 함께 시간을 보낼 기회가 여러 차례 있었다. 그러면서 그가 보이는 인간에 대한 존중, 깊은 영성에 대한 이해에 큰 감동을 받았다. 또한 그가 어느 한 이론이나 종교에 매이지 않고 열린, 그야말로 IFS에서 말하는 참자기(Self)의 모습을 고스란히 보이는 것에 깊은 감명을 받았다. 내가 만난 그는 말로서만 IFS 치료를 가르치는 이가 아닌, 실제의 수련을 통해 삶에서 IFS 치료를 깊게 이해하고 호기심을 가지며 계속 탐구해 나가는 '심혼 탐구자(psychonaut)'였다. 나는 그를 통해 IFS 치료에서 말하는 참자기를 갖는다는 것이 이런 것이구나 하는 것을 다시 한번 느낄 수 있었다.

그의 책을 번역하면서 나는 다시금 깊은 감명을 받았다. 그는 영성을 거창하고 어렵게 논하지 않는다. 담백하고 진솔하게, 경험한 것을 담담히 전한다. 심리치료의 영역에서 더 나아가 영성적 차원에서 어떻게 인간의 고통을 도울 것인가라는 측면을 누구나 알 수 있도록 쉽고 명료하게 이야기하고 있고, 그 도구로서 열린 마음(heart)으로부터 IFS 치료를 하는 것의 중요성을 말하고 있다. 심지어 그는 자신이 실수한 것까지도 고스란히 내보이고 있어서, 충만한 불완전함(nice imperfection)을 수용하는 것이 무엇인지 자신의 글을 통해 두려움 없이 여실히 보여 주고 있었다.

심리치료기술이나 머리에서의 인지적 이해에서부터가 아니라 열린 마음으로부터 진정으로 함께해 주는 것, 연결을 하는 것……. 그것이 진정 중요한 핵심이 아닐 수 없다. 연결을 잃어버린 것, 그중에서도 근원과의 연결을 잃은 채 살아가게 되는 것이 가장 큰 상실과 많은 심리적 고통 및 중독을 일으킨다는 것은 이미 많은 철 학자와 종교학자, 심리상담전문가가 공통적으로 이야기하고 있는 바이기도 하다.

그렇다면 어떻게 해야 그 근원과의 연결을 다시 회복할 수 있을까, 아니 이미 연결되어 있는데도 연결이 끊어졌다고 계속 느끼게 되는 것을 어떻게 하면 좋을까? 내게 있어서도 그 질문은 내 삶을 관통하는 주제이기도 한데, 그 답을 찾아가는 여정에서 만나게 된 것이 IFS 치료이다. 이 책을 번역하면서 나는 이미 그 길을 먼저 걸어 본 지혜로운 이에게서 친절하고 풍부하게 직접 이야기를 듣는 듯한 느낌을 받았다. 때로는 이 책에서 나오는 여러 생생한 축어록을 읽으며 감동을 받아 한참 동안 그 느낌에 머물렀던 순간도 있었다.

하나님이 진정 계신다면 어떻게 이렇게 고통스러운 인간의 삶을 그대로 묵과할까 하는 분노와 원망을 한 적도 내게는 있었고, 반대로 신성과의 연결을 느끼면서 뜨거운 눈물을 흘리고 그로부터 깊은 치유의 경험을 한 적도 있었기에 이 책의 내용은 그대로 나에게 큰 울림으로 다가왔다. 이 책에 등장하는 모든 축어록의 인물들은 또 다른 나였기에 이 책을 번역하는 것은 내게 치유의 경험이었다.

각자가 나아가야 할 그 먼 여정에서 이 책이 작으나마 독자들에게 길잡이가 되고 나침반이 되어 줄 수 있기를 바라며, 이 책을 통해 각자 크고 작은 치유와 성장을 경험해 볼 수 있게 되기를 기원한다.

역자 손성희

역자 서문 2

IFS를 접한 이후 줄곧 IFS의 정신을 좀 더 깊게 이해하고자 여러 책을 찾아 읽던 중, 공동 역자인 손성희 박사의 소개로 이 책을 만나게 되었다. 저자도 말하고 있듯이 'IFS 치료'의 매뉴얼에는 영성을 직접적으로 언급하지 않고 있지만 IFS 과정을 펼쳐 나가다 보면 영성에 개방적이 된다는 것을 경험하고 있었기에, IFS 모델을 영성과 통합한다는 저자의 입장에 호기심이 생기지는 않았다. 하지만 공동 역자를 통해 책의 내용과 이 책을 쓰게 된 배경을 들으면서 번역을 하고 싶은 마음이 생겼다.

이 책에 제시된 사례를 통해 마주하게 된 영적 삶과 치유의 과정은 그동안 내가 만나 왔던 내담자들의 영적 고통과 영적 우회의 괴로움에 대해 열린 마음으로 다시 볼 수 있게 했다. 저자가 "전문성에서 벗어나지 않으려고 영성과 심리치료를 분리해서 치료에 임했다."라고 한 것처럼, 나 또한 그러한 생각이 있었고, 영성과 심리치료의 연결은 치료의 의도적 개입이 될 것이라 여겼다. 내담자와 IFS 작업을 하는 그 과정 안에, 그 치유적 공간 안에 영적인 원천이 이미 현존하고 있기에 영적 자원을 치료 과정에 연결시키는 것은 너무 의도적인 것 같았다. 그런데 이 책을 번역하는 동안 내 생각에 확장이 생겼다. 제2장에 다양한 영적 전승에서 영적 인도자의 본질에 대한 비슷한 설명이 제시되어 있는데, '인도자의 본질은 항상 지혜와 사랑'이고, '흥미롭게도 인도자들은 스스로 현현(顯顯)하는 것이 가능함에도, 보통은 작업에 초대될 때까지 기다린다.'고 설명하고 있다. 저자는 영적 인도자가 왜 우리의 초대를 기다리는지 그 이유에 대해서는 설명하지 않았다. 그런데 나는 사랑과 지혜의 특징을 가진 영적 인도자가 우리의 초대를 기다리며 우리 삶의 모든 공간 속에 현존하고 있는 것은 우리에 대한 인정과 존중, 즉 사랑의 표현이라는 생각이 들었다. 나에게 내 마음과 내 삶에 대한 선택권을 준 것이다. 당사자에게 선택권을 부여하고 그것을 믿고 기다려 주는 것, 그것이 바로 사랑인 영적 인도자의 특성이 아닐까 생각되었다. 그러니 IFS 치료 과정에 영적 존재를 초대할 수 있는 장을 펼치는 것 또한 내담자의 선택권을 존중하는 치유의 과정이 될 수 있을 것이라는 생각이 들었다.

'IFS 치료는 한 사람의 삶에서 평화, 연민, 그리고 조화로움으로 가는 길, 즉 열린 마음으로 깨달음을 향해 가는 여정'이다. 그 여정에 함께할 수 있도록 본인들의 사례를 기꺼이 이 책에 공유해 준 많은 이와 IFS 치유 과정에 영적 자원을 초대할 수 있다는 인식의 확장에 도움을 준 저자 톰 홈스에게 감사드린다. 그리고 이 책을 함께 번역하자고 초대해 준 공동 역자 손성희 박사에게도 고마운 마음이다. 무엇보다 번역하고자 용기를 낼 수 있도록 내 마음에 공간을 내어 준 많은 부분에도 고마움을 전하고 싶다.

역자 채유경

저자 서문

지난 30여 년 동안 내면가족체계(Parts Work)[1] 치료 과정을 통해 사람들을 안내하면서, 나는 이 작업이 단지 하나의 심리치료 방법만이 아닌 '열린 마음의 치유 여정(path of the heart)'이라는 것을 알게 되었다. IFS 작업은 치유를 위한 강력한 심리치료 방법임에 틀림없으며, 특히 영적 자원과 결합되면 그 이상이 된다는 것을 경험해 왔다. IFS 치료는 인간의 삶에서 평화, 연민, 그리고 조화로움으로 가는 길, 즉 열린 마음으로 깨달음을 향해 가는 여정이라는 것을 알게 되었다.

내 삶의 이 시점에서 내가 해 온 수많은 IFS 치료 회기를 돌아보면서, 치유의 여정을 안내하며 겪었던 특별한 경험을 나누고 싶다는 바람이 들었고, 그 바람이 바로 이 책을 쓰게 된 원동력이 되었다. 이러한 이야기들을 공유하고 싶은 이유는 마음의 치유 여정인 IFS 치료의 개념이 단지 추상적인 개념이 아니라, 사람들의 삶에 중요한 치유 효과를 가져오는 생생한 경험이라는 것을 보여 주기

---

1 저자는 내면가족체계(IFS) 치료의 방식이 우리 자신의 다양한 부분을 다루는 내면 작업이라는 점에서 자신의 IFS 과정을 Parts Work(부분 작업)라는 표현으로 1980년대부터 사용해 왔다(저자에게 질의하여 확인함). 따라서 이 역서에서는 저자의 허락을 받아 Parts Work를 'IFS 치료'라고 번역하였다.

위함이다. 여기에 소개한 회기들은 전체 녹취록이 있으며 이 접근 방식의 전형적인 예가 될 수 있다고 판단되어 선택하였다. 참여자들은 자신의 사례가 이 책에 포함되는 것을 기꺼이 허락해 주었다. 이 책의 대부분은 녹취록에서 직접 발췌한 것이기 때문에 독자들이 이 책을 읽을 때 치유 작업 과정을 실제처럼 느낄 수 있을 것이다. 또한 진행 과정에 대해 해설을 추가하여, 현재 상황을 어떻게 보고 있는지에 대한 나의 통찰과 회기 중에 내가 선택한 방향에 대한 이유도 제시하였다. 보다 일반적으로 내담자를 언급할 때는 '그/그녀' 또는 '그들'보다 어색하지 않고 더 포괄적인 표현인 단수형 복수 대명사 'they / their / them'을 사용하였다.[2]

나의 해설과 더불어, 이 책에서는 내면 작업을 경험해 본 사람들의 소감, 즉 그 과정을 어떻게 경험했고 그 후 내면 작업이 그들의 삶에 어떤 영향을 미쳤는지도 공유하고자 한다. 나는 그들과 진행했던 회기의 녹취록과 내 해설을 검토하면서 그들과 서신을 주고받았다. 이를 통해 내면 작업을 했던 사람들이 그 과정을 어떻게 경험했는지에 대해 더 명확하고 자세하게 알 수 있었다. 또한 내 해설이 그들의 경험을 정확하게 반영하고 있는지 확인하기 위해 그들에게 다시 검토해 달라고 요청했다. 치료 과정을 안내하는 치료사로서 우리는 종종 사람들의 내면에서 어떤 일이 일어나고 있는지에 대해 가정을 하지만 그것을 확인할 기회는 거의 갖지

---

2 어떤 사람을 일반적으로 언급할 때, '그(he)/그녀(she)'처럼 성별을 특정하는 표현보다는, 성별을 드러내지 않고 더 포괄적인 의미를 지닌 단수형 복수 대명사 'they/their/them'을 사용하기로 했다는 뜻이다. they는 복수형일 뿐만 아니라 이제는 성별이 확실하지 않거나 밝히고 싶지 않은 단수 인물을 지칭할 때도 많이 사용되고 있어서, 바로 그런 언어 선택의 이유를 설명하고 있다.

못한다. 여기에 소개된 IFS 치료 과정에 대한 이야기들은 이와 같은 소통 과정을 통해 나온 협업의 결과물이다. 모든 사람에게 실명 사용에 대한 동의를 요청했고, 몇몇의 사람이 실명 사용을 허락했다. 클라우디아(Claudia), 채디(Chady), 샤론(Sharon), 모아나(Moana), 레나테(Renate)를 제외한 다른 이름은 모두 가명이다.

이야기들을 공유하기 전에, IFS 치료를 내가 '열린 마음의 치유 여정'[3]이라고 부르는 이유를 설명하고자 한다. IFS 치료의 가장 큰 선물 중 하나는 우리가 우리의 부분들을 인식하고 그 부분들을 알고 이해하는 IFS 과정을 거치면서 우리 안에 특별한 마음의 상태가 열린다는 것이다. 리처드 슈워츠(Richard Schwartz)는 이런 열린 마음 상태가 되면 그 사람에게서 특정한 특성들이 드러난다는 것을 일찍부터 알아차리고 있었다. 그는 연민, 연결감, 호기심, 그리고 평온함, 자신감, 명료함과 같은 특성이 바로 이러한 마음 상태라는 것을 알았다. 슈워츠는 이러한 마음의 상태를 '한 인간의 정수(精髓)'라고 설명하면서 참자기(Self)[4]라고 불렀다. 최근에 그는 참자기를 '열린 마음의 공간(open-hearted place)'이라고 언급하고 있다(Schwartz, 2015).

이러한 열린 마음의 공간을 펼쳐 내기 위한 작업이 나에게는 열린 마음(heart)의 여정이다. 나는 이러한 마음의 상태를 참자기라

3 일반적으로 영어에서 mind는 인지적인 마음을 말하며, heart는 정서적인 마음을 표현한다. 그러나 저자가 사용하고 있는 heart는 단순히 정서적인 마음만을 의미하기보다는 '참자기'의 특성으로서의 열린 마음을 의미하고 있어서 구별하기 위해 '열린 마음'으로 번역하였다.

4 '참나' '참자아', 그리고 '참자기(Self)' 등으로 다양하게 번역되고 있으나, 이 책에서는 '참자기'라고 번역하기로 한다.

고 부르기보다는 열린 마음으로 부르는 것을 더 선호한다. 내가 여기에서 사용하는 열린 마음은 수천 년을 거쳐 온 많은 영적 전승(傳承)[5]에서 사용되어 온 용어이다. 나는 특별히 11세기 이슬람 학자, 알 가잘리(Al Ghazali)가 제시한 열린 마음에 대한 정의를 좋아한다. 그는 영적인 열린 마음을 "인간 존재의 진정한 본질인 미묘하고 섬세한 물질"이라고 설명한다(Al Ghazali, 2010). 이 특성에 대해 불교적 전승에서는 베트남의 불교 승려이자 우리 시대의 가장 저명한 불교 스승 중 한 명인 틱낫한(Thich Nhat Hanh)이 명확하게 제시하고 있다. 그가 '진아(眞我, true Self)'라고 부르는 것은 슈워츠가 말하는 열린 마음의 상태라고 볼 수 있다. 틱낫한은 이러한 마음의 상태가 나타날 때가 진정한 사랑의 표현이며, 브라마 비하라(Brahma Vihara)[6]의 자질인 자애, 연민, 기쁨, 평정심을 가지게 되는 상태라고 말한다.

많은 아시아권 언어에서 열린 마음(heart)을 더 잘 표현하는 단어는 heart–mind[7]이다. 중국어에서 심(心)은 heart–mind를 상징한다. 문맥에 따라 심(心)은 mind 또는 heart로 번역되어 지적인 인식과 감정적 인식을 모두 나타내는 단어로 사용되고 있다. IFS

---

5 보통 종교나 구도자들이 추구하는 삶을 말하며 영적 가르침의 의미를 포함한다.

6 산스크리트어로 '신성한 축복'이라는 뜻이며, 불교에서는 자애, 연민, 기쁨, 평정심의 네 가지 형태인 사무량심(四無量心) 속에 사는 상태인 브라마 비하라를 자유와 행복을 얻은 이상적인 상태이자 참사랑(true love)으로 본다.

7 heart-mind는 중국 고대 철학의 '心(xin)' 개념을 영어로 번역하는 과정에서 서구 학자들이 만들어 낸 신조어로, 인지적 마음인 'mind'나 정서적 마음을 뜻하는 'heart'로는 '心(xin)'이 가진 통합적 의미를 온전히 전달하기 어렵다고 판단하여 두 단어를 결합한 것이다. 즉, heart-mind는 인지적 · 정서적 · 영적 수준을 포괄적으로 포함하는 전체 마음을 뜻하는 것으로 이해된다. [참고: https://plato.stanford.edu/entries/chinese-mind, https://en.wikipedia.org/wiki/Xin_(heart-mind)]

에서 사용하는 참자기를 중국어로 번역할 때는 심(心)이 쓰인다. 나는 슈워츠가 말하는 '참자기-리더십'이란 열린 마음 혹은 통합적인 마음(heart-mind)[8]이 인간의 생각, 정서, 행동을 이끌 때를 말한다고 본다. IFS의 참자기와 열린 마음 사이의 이러한 강한 유사성 때문에, 이 책에서는 이러한 마음의 상태를 언급할 때 때때로 참자기/열린 마음이라는 단어를 사용할 것이다.

내가 IFS 작업을 통해 발견한 것은 열린 마음의 특성이 드러나고 내면의 공간이 열리면서 사람들은 영적(spiritual)이라고 할 수 있는 치유의 자원에 접근할 수 있게 된다는 것이다. 이는 종교적 배경이 있든 없든 관계없이 발생하는 것으로 보이며, 어떤 경우에는 종교 기관이나 지역 사회가 사람들에게 고통이나 트라우마를 일으키는 경우에도 발생하는 것 같다.

영적 자원이 명시적으로 존재하든 그렇지 않든, 열린 마음의 특성은 IFS 치료를 통해 영양을 공급받고 깨어난다. 본문에서는 영성이 치유 과정에서 중요한 역할을 한 사례를 제시할 것이다. 내면 작업을 통해 마음의 공간이 열리고 치료사와 내담자가 치유 여정의 한 측면으로서 영성에 개방적일 때, 이런 일은 자주 일어날 수 있다.

이 책에서 자신의 이야기를 공유하고 있는 대부분의 이는 **치유자를 위한 치유**(Healing the Healer) 또는 **치유자의 마음 조율하기**(Tuning the Heart of the Healer) 워크숍에서 나와 함께 작업해 온

8 저자의 주장은 IFS 치료 시 인지적인 마음(mind)보다 정서적인 마음(heart) 또는 통합적인 마음(heart-mind)을 갖는 것이 중요하며, 그것이 참자기의 특성이라는 것이다.

치료사들이다. 이런 워크숍에서 치료사들은 자신의 내면 체계에 대해 작업할 기회를 갖는다. 나는 IFS 치료가 특히 다른 사람의 고통을 자주 접하는 치료사들에게 매우 가치 있다는 것을 발견했다. 치료사들이 사람들에게 지속 가능한 방식으로 치료를 제공하려면 치료사 자신의 치유가 중요하다. 영성과 IFS 작업을 결합하는 것은 치료사들에게 필요한 내면 치유를 할 수 있도록 돕는 내가 발견한 가장 강력한 방법이다. 이는 치료사들이 평화로운 연민의 자리에서 다른 사람들의 고통에 현존할 수 있게 해 준다.

워크숍과 교육에서 내가 가장 보람을 느끼는 것 중 하나는 치료사들이 워크숍에서 자신의 내면 작업을 한 후 내담자와의 치유 여정에 동행하는 것이 훨씬 더 편안해졌다고 말해 줄 때이다. 또한 치료사들은 그들 자신이 '열린 마음의 공간'에서 작업할 때, 그들의 내담자 역시 열린 마음의 공간에 더 쉽게 접근하고, 스스로에 대해 더 많은 연민을 갖게 되었다고 말했다.

이 책에 자신의 이야기를 공유하겠다고 한 이들은 그들의 치유 여정을 읽은 다른 사람들 역시 치유에 대한 가능성을 느낄 수 있기를 바라는 마음에서 그러한 결정을 내렸다. 그분들의 너그러움에 감사드린다. 또한 치유 가능성을 제공할 수 있는 치료 모델로서 IFS 치료를 세상에 소개해 준 딕 슈워츠에게도 감사드린다. 보다 개인적으로는 열린 마음의 여정인 IFS 치료가 내 자신의 본질적인 가치에 맞는 치료사로서의 길을 제공해 주었다는 점에서 감사하고 있다. 이러한 열린 마음의 특성은 내가 지난 30년간 전 세계에 이 작업을 알릴 수 있는 에너지이자 동기가 되어 왔다.

제1장에서는 영성과 심리치료를 통합하는 이 여정이 어떻게 40년

전 한 내담자와의 치료 작업을 통해 시작되었는지 설명할 것이다. 이후 장에서는 영성이 어떻게 IFS 치료 과정에 접목되어 깊은 심리적 상처를 치유하는 데 도움이 되는지를 말한다. 그리고 제10장에서는 치료사가 다른 이들에게 지속 가능한 방식으로 치유 작업을 제공하고, 트라우마를 겪은 공동체와 창의적이고 열린 마음 중심의 방식으로 교감하는 데 IFS 치료가 필수적일 수 있음을 설명하고자 한다.

Thomas R. Holmes

차례

역자 서문 1 _ 3

역자 서문 2 _ 6

저자 서문 _ 9

제1장 내담자를 통해 영성을 치유의 자원으로 인식하다 · 19

제2장 IFS 치료와 영성의 통합 · 25

- 내면의 인도자가 갖는 본질 _ 30
- 무엇이 인도자들과의 소통에 도움이 되는가 _ 32
- 치유 과정에 관한 인도 _ 33
- 비판단적이고 무조건적인 사랑 _ 33
- 지혜 _ 35
- IFS 치료와 영성 연결하기 _ 38
- 영적인 인도와 연결하도록 초대하기 _ 44
- 영적 자원과 연결하기 위한 연습 _ 48

제3장 IFS 치료와 영성: 아동기 트라우마 치유 · 53

제4장 전쟁 트라우마로 인해 물려받은 짐 치유하기 · 81

제5장 심리적 외상을 입은 추방된 부분의 치유 · 101

- 톰 및 제인과의 IFS 치료 _ 104

- 개인적인 메모 _ 111
- 후기 _ 112

제6장 전쟁 트라우마 치유의 확장된 여정 · 113

제7장 추방된 아이 부분의 단계별 치유 · 135
- 내면 작업의 시작 _ 136
- 보호하는 부분들을 명료화하고 작업하기 _ 138
- 핵심적인 부분과의 작업 _ 144
- 내면 작업의 영향에 대한 성찰 _ 164

제8장 내사된 것: 부분이 아닌 것들 · 171
- 조심스러운 이야기 하나 _ 175

제9장 내사된 것과의 IFS 치료 회기 · 185
- 내사된 것을 떠나보낸 모아나 _ 185
- 내사된 것을 떠나보낸 레나테의 경험 _ 202

제10장 세상으로 나아가는 열린 마음의 여정 · 207

제11장 마지막 회고 · 215

부록
- IFS 치료(Parts Work) / IFS 자료 _ 222
- 참고자료 _ 223

찾아보기 _ 233

1장

내담자를 통해 영성을 치유의 자원으로 인식하다

치료사로서 우리는 내담자들의 내면 여정에 함께하는 동안 그들과의 경험을 통해 종종 변화를 경험한다. 이러한 변화는 대개 내담자들이 그들의 인생 경험 중의 일부를 우리와 나눌 때, 그들의 역경과 용기, 그리고 인간애 등에 감동을 받으면서 일어난다. 하지만 때때로 치료적 공간에서 치료사와 내담자 모두를 깊이 변화시키는 무언가가 일어나기도 한다. 나에게도 이런 일이 있었고 이를 통해 치료 과정을 바라보는 관점이 완전히 바뀌었다.

리처드 슈워츠에게는 가족치료로 성공적인 치료를 거두지 못한 폭식증(bulimia) 내담자에게 폭식증의 순환 고리에 빠져 있는 동안 내면에서 무슨 일이 일어나고 있는지를 물어보기로 결정한 그 순간이 바로 그런 때였다. 그 내담자는 치료의 여러 단계에서 자신을 압도했던 다양한 부분에 대해 이야기하기 시작했고, 창의적인 순간에 슈워츠는 가족 체계 치료에 대한 자신의 이해를 적용하면 한 사람의 내면에 있는 다양한 부분을 내면의 가족으로 간주해 볼 수 있겠다는 생각을 하게 되었다. 우리 대부분은 IFS와 같이 완전히 새로운 치료 모델을 만드는 창의적인 순간을 맞이하지는 못하지만 내 경험상 부분적으로는 교육과 훈련을 통해, 그러나 더 중요하게는 무엇이 내담자에게 가장 치유적인가에 대한 우리의 관찰과 경험을 통해 우리 자신만의 치료 모델을 구축할 수 있다고 생각한다.

때때로 이러한 삶을 변화시키는 치료 경험은 치료사로서의 훈련과 전혀 무관한 경우도 있다. 나에게 그런 경험은 내담자의 영성이 지닌 치유의 힘에 직면했을 때였다. 나에게서 이런 일은 1980년대 초 미시간(Michigan)의 한 작은 도시에 있는 지역사회 정신건강센터에서 박사과정 인턴십을 하던 중에 일어났다. 그곳에서 나는 종교적 신념으로 어려움을 겪고 있는 여러 내담자를 만났는데, 그들의 심리적 문제와 종교적 갈등이 연결되어 있는 것처럼 보였다. 나는 수년 전에 종교에서 멀어졌고 치료 과정에서 영성을 다루지 않는 학문적 교육을 받았기 때문에 이러한 내담자의 종교적 갈등을 어떻게 도울 수 있을지 당황스러웠다. 조앤(Joanne)이라는 내담자는 약물이나 심리치료에 별 효과를 보이지 않는 불안과 우울증을 앓고 있었는데 마치 난치병처럼 보였다. 그녀는 또한 자신의 종교적 신념과 관련하여 깊은 갈등을 겪고 있었다. 나는 그녀와 몇몇 다른 내담자가 겪고 있는 종교적 문제들을 더 잘 이해하는 것이 필요하다는 압박감을 느꼈지만 그 방법에 대해 훈련을 받은 적은 없었다.

이 무렵 나는 사무실 게시판에 '영성과 상담' 워크숍을 알리는 전단지가 붙어 있는 것을 발견했다. 발음하기 어려운 이름을 가진 피르 빌라야트 이나야트 칸(Pir Vilayat Inayat Khan)이란 사람이 워크숍을 진행하고 있었다. 그는 유니버설리즘[1]의 영적 전승을 따르는 수피(Sufi)[2] 지도자였으며, 그 토대 위에 영성과 심리학을 통합하고 있었다. 나는 그 워크숍에 갔고 말 그대로 '열린 마음의 종교(a religion of the heart)'[3]라고 일컬어지는 영적 가르침을 발견할 수 있었다. 열린 마음으로의 그 길은 모든 영적 전승에서 찾을 수 있다고 믿는 가르침이었다. 이는 포용적이면서도 '열린 마음'과의 연결을 깊게 하는 데 초점을 맞춘 틀을 제공하고 있었기에, 나는 내가 따라갈 수 있는 영적인 길을 찾게 되었다. 이 경험을 통해 나는 한 인간의 영적 신념을 탐구하는 것이 얼마나 중요한지를 깨닫게 되었고, 사람들이 자신에게 맞는 영적인 길을 찾도록 도울 수 있는 방향도 찾게 되었다.

조앤과의 임상 작업으로 복귀했을 때, 나는 그녀가 자신의 영적 생활을 탐색하도록 도왔다. 나는 곧바로 그녀의 종교적 갈등이 가톨릭 신부에게 성적 학대를 당한 경험에서 비롯된 것임을 알

1 유니버설리즘은 문화, 인종, 성별, 종교, 국적에 관계없이 보편적으로 적용 가능한 철학적 · 신학적인 개념으로, 다른 종교를 포용적으로 받아들이며, 모든 종교가 근본적으로 하나의 보편적 진리를 공유한다고 믿는 종교적 관점이다. 저자가 따르는 유니버설리즘(보편주의)은 진리가 열린 마음을 갖는 것에 있다고 보고, 사람들이 각자에게 가장 잘 맞는 방식으로 그 진리를 깨닫도록 돕는 것에 목적을 둔다(역자의 질의에 대한 저자의 설명임).

2 수피즘(Sufism)은 이슬람교의 신비주의적 분파로, 전통적인 교리나 형식을 배격하고 신도의 내면적 각성과 코란의 신비주의적 해석을 강조하며, 금욕, 청빈, 명상 등을 중요하게 여긴다. 또한 정신적인 깨달음을 얻기 위해서는 지성보다 체험이 중요하다고 여긴다. 수피즘은 신과의 합일을 위해 진정한 자아를 찾는 것을 수행의 목표로 한다. 수피즘은 빙글빙글 돌며 춤을 추는 수피 댄스, 신의 여러 이름을 부르며 기도하고 찬양하는 등의 의식을 통해 수행을 한다(위키백과 참고).

3 마음이 열릴 때 영성과 접촉할 수 있다는 의미이다.

게 되었다. 그녀는 여전히 신앙심이 깊었지만, 그 신앙의 대표자가 상처의 근원이었기 때문에 신앙을 치유의 원천으로 사용하는 것에는 단절되어 있었다. 이후 이어진 치유의 여정은 심리치료적(psychotherapeutic) 치유의 새로운 가능성을 열어 주었다.

조앤과의 작업에서 내가 해야 할 첫 번째 일은 그녀가 영적인 삶과의 관계를 회복할 수 있도록 도울 방법을 찾는 것이라고 생각했다. 나는 몇 가지 조사를 통해 성적으로 학대를 당한 여성과 정신질환 증상을 가진 사람들을 돕는 것으로 알려져 있는 가톨릭의 성인인 성녀 딤프나(Saint Dymphna)[4]에 대해 알게 되었다. 조앤은 딤프나에게 끌렸고 그 성녀에게 기도를 올리기 시작했다. 우리의 치료 회기는 문제와 질문을 명료화하는 것으로 발전하였고 조앤은 집에서 성녀 딤프나에게 그것을 주제로 기도할 수 있었다. 몇 주 만에 조앤의 우울증이 완화되었다. 조앤은 심각한 건선도 있었는데 그것 또한 사라지기 시작했다. 6주 후 건선은 완전히 사라졌고 불안과 우울 증상도 극적으로 개선되었다. 조앤의 수면도 정상화되기 시작했고, 그녀를 움직이지 못하게 했던 불안감이 크게 줄어들었으며, 그녀는 자신의 삶을 주도적으로 이끌며 앞으로 나아가기 시작했다.

나는 깜짝 놀랐다. 6년 동안 심리치료를 해 오면서 이렇게 만성적이고 심각한 증상을 가진 내담자가 그렇게 빨리 호전되는 것을 본 적이 없었기 때문이다. 성녀 딤프나에게 하는 그녀의 기도가 분명히 열쇠였고, 나는 한 사람의 영적인 믿음이 얼마나 큰 치유

4 저자 주: 성 딤프나는 팬데믹 기간에 다시 인기를 얻었고 온라인에서 많은 자료를 찾을 수 있다.

력이 될 수 있는지를 갑자기 인식하게 되었다. 몇 년 동안 나는 이 사건을 되돌아보면서 '무엇이 이 사람의 삶을 그렇게 강력하게 변화시켰을까?'라고 내 자신에게 묻곤 했다.

이 경험을 통해 나는 이러한 치유 경험의 본질을 이해하고 한 사람의 영적인 삶의 치유력을 치료 과정의 자원으로 활용할 수 있는 방법을 알아내기 위한 여정을 시작하게 되었다. 하지만 나는 그동안 내가 치료사로서 받아 온 훈련 때문에, 그 '전문성'에서 벗어나지 않으려고 영성과 심리치료를 분리해서 치료에 임했다. 정신 건강 클리닉에 오는 사람들은 비종교적 치료법에 기반을 둔 서비스를 찾고 있다고 생각했고, 그렇지 않다면 종교에 기반을 둔 상담 프로그램을 선택했을 것이라고 생각했다. 하지만 나는 치료사로서 우리가 내담자의 영적인 삶에 관여하지 않으면 치유의 강력한 힘을 놓칠 수 있다는 사실을 더 이상 부정할 수 없었다. 나는 영성과 심리치료를 연결하려는 많은 모델을 탐구해 왔고, IFS로 작업하게 되면서 비로소 영성과 심리치료를 자연스럽게 연결할 수 있는 모델을 발견하게 되었다. 흥미롭게도 당시 슈워츠가 IFS 모델을 발표했을 때 영성에 대한 언급이 없었음에도 불구하고 이러한 결과를 가져왔다.

영성과 결합된 IFS 치료 모델을 사용하는 치료사로서의 경험을 공유하기 시작하면서, 나는 이러한 통합에서 비롯된 치유 경험을 목격하는 것이 얼마나 중요한 것인지 깨닫게 되었다. IFS 모델을 배우기 전에는 심리치료적 과정이 제공할 수 있는 것들에 대해 만족하지 못했었다. 인지행동 치료, 인간중심 치료, 게슈탈트 치료, 정신역동적 심리치료 등 다양한 치료 모델에 대한 교육을 받았지만 그 이상의 무언가가 있어야 한다고 생각해 왔다. 나에게 있어 그 이상의 무언가는 IFS인데, 특히 영적 자원을 함께 활용할 때 더욱 그렇다. 모든 내담자가 내가 앞으로 공유할 사례들과 같이 깊은 치유를 경험하는 것은 아니지만, 많은 내담자가 그런 경험을 한다. 그리고 그러한 치유는 사람들이 겪는 고통을 크게 덜어 주고 싶다는 나의 소망을 충족시켜 줄 만큼 자주 일어난다.

내가 알고 있던 그 어떤 치료법보다 더 효과적인 치료 모델을 찾은 것 외에 또 다른 일도 내게 일어났다. 내담자들과 IFS 치료를 더 많이 하게 되면서, 영성과 심리치료를 통합하는 길이 더욱 명확해졌다. 다음 장에서는 이러한 통합이 어떻게 자연스럽고 깊이 있는 치유 방식으로 이루어질 수 있는지, 그리고 사람들에게 어떻게 그들의 인생 여정에서 중요한 한 단계를 제공할 수 있는지에 대해 나눌 것이다.

2장

IFS 치료와 영성의 통합

나는 공동치료(co-therapy)[1]를 통해 공동 치료사에게 IFS 과정을 교육하던 중에 IFS 치료에서 영성이 중요하다는 것을 깨닫게 되었다. 이전 글에서 이 회기를 이미 공유했었지만, 이 회기가 영적 자원이 IFS 치료 과정에 어떻게 통합될 수 있는지에 대한 모델을 제공하기 때문에 치료 과정에 대한 분석과 함께 다시 제시한다.

낸시(Nancy)는 거의 일 년간 한 내담자의 IFS 치료를 해 오고 있었고 나는 낸시를 돕기 위해 몇 차례 공동으로 함께 그 내담자에 대한 IFS 치료를 진행했다. 나는 그 내담자를 마사(Martha)라는 이름으로 부를 것이다. IFS 치료의 초점은 마사가 어렸을 때 겪었던 트라우마와 관련된 역동에 두었다. 우리는 IFS를 사용하여 상당한 진전을 이룰 수 있었고 마사의 보호하는 부분들에게 신뢰를 얻어

1 공동치료는 슈퍼바이지가 자신이 치료 중인 내담자의 치료를 슈퍼바이저에게 의뢰해, 공동으로 내담자의 치료를 해 나가는 것이다. 그 과정을 통해 슈퍼바이지는 IFS 치료를 익힐 수 있다.

그녀의 내면 체계에서의 조화를 이루어 낼 수 있었다.

몇 번의 회기 끝에, 우리는 마사의 보호하는 부분들에게 허락을 받아 수년간 묻혀 있던 '추방된' 부분에게 접근할 수 있었다. 마사는 이 매우 어린아이 부분이 그녀의 내면 체계 깊은 곳에서 빛으로 된 구슬 안에 싸여 안전하게 보호되고 있었다고 말했다. 우리가 이전에 했었던 작업 덕분에, 이제는 이 부분을 마주하는 것이 안전해졌고, 그녀의 내면 체계 안에서 이 부분이 자신의 자리를 찾도록 도울 수 있게 되었다. 마사가 참자기 상태로 이 부분에 다가가자, 갓난아기 같은 부분이 빛 속에서 나와 그녀에게로 왔다. 그 부분은 매우 취약했지만 맑고 순수했다. 나는 마사의 내면 체계가 이처럼 무방비 상태의 어린아이 부분을 온전하고 순수한 상태로 남아 있을 수 있도록 보호하는, 빛으로 된 공간을 만들어 냈다는 것이 놀랍고 경이롭게 느껴졌다. 이 부분은 따뜻하게 환영받았고 점차 다른 부분들에게 소개되었으며, 다른 부분들도 이 부분이 함께 있게 된 것을 기뻐했다. 나를 포함한 마사와 낸시, 우리 모두는 IFS 치료에서 이런 종류의 통합이 일어날 때 종종 자주 느껴지는 따뜻한 빛과 같은 감정을 느꼈다.

이 부분을 다시 체계에 통합하는 과정을 마친 후, 우리는 회기를 마치기 전에 마사에게 내면을 살펴보고 더 필요한 것이 있는지 확인해 달라고 요청했다. 그다음에 일어난 일은 예상치 못한 일이었다. 마사는 투명한 형체가 자신의 가슴을 가로질러 앞뒤로 움직인다고 말했다. 그녀는 그것이 어린아이 부분이 나타났을 때 보였던 것과 같은 빛이라고 말했다. 낸시는 이 부분에 이름이 있는지 물었다. 다음 축어록은 낸시가 질문한 이후부터의 내용이다.

마사: 네…… 창문…… 영혼의 창문이에요……. 빛 이외는 아무것도 안 보여요.

낸시: 그 빛에서 목소리가 들리나요?

마사: 네, "네가 이제 물어볼 때가 되었다."라고 말하네요.

(내면으로 들어가서, 마사는 트라우마를 겪은 아이를 위해 그녀가 더 해야 할 일이 있는지 그 목소리에게 물었다. 그런 다음 다시 내게 말해 주었다.)

그 목소리가 제게 알려 준 것은 우리가 그것을 살펴보았고, 우리가 본 것에는 진실이 있지만 그것[트라우마 사건의 세부 사항]에 얽매이지 말라는 거예요……. "자신을 믿어라. 이제 앞으로 나아갈 때이다."라는 말이에요. 그런 다음 그 목소리는 "너는 네 스스로 힘이 있으니 두려워할 필요가 없다."라고 말하네요.

(긴 침묵. 감정이 가득 찬 목소리로)

이건…… 거의 마치 하나님을 바로 올려다보고 있는 것 같은 느낌이에요. 그 빛이 쏟아져 내려오는 것 같아요. 마치 파이프로 연결되기나 한 것처럼 내 안으로 곧바로 쏟아져 내려오는 것 같아요.

낸시: 기분이 어떤가요?

마사: 정말 감동적이에요. 이런 일이 일어난다는 게 믿기지가 않아요. 감동이에요. 이게 우리 안에 있는 하나님이신 거죠?

(오랜 침묵)

저는 많은 사랑과 평화를 느끼고 있어요……. 그리고 그 목소리가 계속 들려요……. "괜찮다. 그냥 계속 그렇게 느껴라……." 저는 지금 조금 압도당하는 느낌이에요. 신뢰라는 단어가 계속 떠올라요. 사랑이라는 말도요. 그냥…… '사랑 안에 머물러라. 사랑 안에……

> 그것을 느끼고 그것으로부터 너의 인생을 살아라.' 그게 제가 깨달은 전부예요……. 그것이 모든 것의 해답이자 열쇠예요.

방은 강력한 에너지로 가득 찼고, 낸시와 나는 그 경험에 깊은 감동을 받았다. 심리치료사로서 나는 우리가 하고 있는 내면 작업 안에서 내담자가 이렇게 깊은 영적 체험을 할 수 있다는 사실에 놀라움과 경외심을 느꼈다. 거기에서 나온 지혜는 매우 심오했다.

무슨 일이 있었는지 이해하게 되면서, 나는 IFS 치료가 열린 마음을 일깨우고 지혜와 사랑으로 인도(guidance)하는 근원을 직접 만날 수 있게 해 주는 과정이며, 심리치료 그 이상의 것이라는 것을 알게 되었다. 나는 30년이 지난 지금도 열린 마음을 갖게 해 주는 길로서 IFS 치료의 이러한 차원을 탐구하고 있다.

마사의 경험은 예상치 못한 아주 강렬한 경험이었지만, 이런 종류의 '부분'과의 만남은 드문 일이 아니며, 나에게는 많은 내담자와의 내면 작업에서 중요한 일부가 되어 왔다. 이러한 특별한 종류의 '부분들'을 만나 온 치료사들은 이러한 것들이 인간의 성격을 구성하는 일반적인 부분들과는 다르다는 것을 일찍이 깨닫고 있었다. 오히려 이러한 부분들은 사람들에게 지혜와 치유를 제공할 수 있는 내적 지침의 원천처럼 보였다. 그들은 '인도자(guides)'라고 불리게 되었다. 이 인도자가 인간 정신 내면의 것인지 아니면 인간의 성격 외부에 존재하는 영적 존재를 의미하는지의 용어에 대한 논의는 여기서 하지 않으려 한다. 많은 사람이 이것들을 자신 너머에 존재하는 영적 존재 또는 영적 에너지로 경험한다. 모든 내면 작업과 마찬가지로, 나는 내담자가 자신에게 가장 적합한 방식으로 자신의 경험을 스스로 이끌고 정의 내리도록 허용한다. 지금은 이러한 인도자들의 본질, 그리고 그들을 어떻게 식별하고 내면 치유 과정에 초대할 수 있는지에 대한 지식과 경험이 예전보다 훨씬 더 풍부하게 축적되어 있다. 이 장에서는 이러한 인도자에 대해 내가 어떻게 이해하고 있는지 나누고, 때로 영성이 어떻게 인도자의 형태로 치료에서 치유 과정을 도와주게 되는지에 대한 임상 사례를 제시할 것이다.

인도자는 다양한 형태로 나타나며 대개 상호작용하는 살아 있는 존재로 경험된다. 인도자는 구체적이지 않은 추상적인 존재나 빛의 형태를 띠기도 하고, 보다 구체적으로 예수나 소피아[2]와 같은 현자나 종교적 인물로 나타날 수도 있다. 이러한 인도자의 본질은 항상 지혜와 사랑이다. 흥미롭게도 인도자들은 스스로 현현(顯現)하는 것이 가능함에도, 보통은 작업에 초대될 때까지 기다린다.

영적 인도자에 대한 요소가 없이도 IFS 모델은 심리적 고통과 트라우마를 치료하는 데 매우 효과적인 치유 도구이다. 하지만 나는 IFS 치료를 사용하던 초기 단계에서부터 영성과 내면의 인도자가 갖는 치유력을 치료의 중심에 두어 왔다. 이것이 내가 IST[3]를 가르치는 방법과 IFS 치료 훈련에서 일반적으로 제시하는 방법 사이의 주요한 차이점 중 하나다. 나는 일련의 IST 훈련에서 이 인도자들의 존재에 대해 초반부터 다루며, 학생들이 자신의 내면에 있는 인도자

2 헬레니즘 시대에는 지혜를 상징하는 여신으로 여겨졌으며 성경에서는 지혜로운 여성, 유대교 카발라에서는 신의 여성적인 표현을 의미한다(위키백과 참고).

3 저자는 IFS를 기반으로 하여 영성을 통합한 IST(Internal Systems Therapy)라는 치료기법을 개발했다.

와 치유자원을 발견할 수 있도록 돕는 실습도 포함시킨다.

내면의 인도자가 갖는 본질

내면의 인도자가 갖는 본질을 설명하는 데에 있어 마사의 사례가 본보기가 될 수 있으므로 그녀의 경험을 주의 깊게 검토해 보려 한다. 나는 영적인 것이 치료 회기의 일부가 될 것이라고는 전혀 생각하지 못했다. 내가 IFS를 사용하던 초창기에는 이 작업의 영적인 본질이 아직 내게 명확하지 않았다.

마사 작업의 처음 부분에서, 마사의 내면 체계가 어떻게 그 무방비 상태의 부분을 중심으로 빛의 공간을 만들어 그 부분을 여전히 온전한 상태로 보호할 수 있었는지에 대해서 나는 다소 이성적인 관점을 취하는 부분이 있었다. 회기가 이렇게 예상치 못한 방향으로 전개되었을 때, 나의 '과학적'인 부분은 인간의 뇌가 얼마나 영리한지에 대해 놀라고 있었다. 이런 반전이 벌어진 것은 내면 작업을 마칠 때 주로 하는 '이 부분의 작업을 끝내기 전에 더 필요한 것이 있을까요?'와 같은 질문을 던졌기 때문이다. 과거의 장면으로부터 데리고 나온 어린아이 부분을 다시 체계에 통합하는 작업에 이미 시간을 들였기 때문에, 나는 특별한 어떤 것을 더 기대하고 있지 않았다. 하지만 이 질문은 마사가 가슴을 가로질러 앞뒤로 움직이는 투명한 형체를 알아차릴 수 있게 되는 계기가 되었다. 그녀는 그것이 어린아이 부분이 나타났을 때 등장했던 것과 같은 빛이라고 말했다. 낸시가 이 부분에 이름이 있는지 물었을 때, 그것이 마사의 내면 작업을 촉발했다.

이런 시점에서는 내담자가 내면을 들여다볼 수 있도록 공간을 제공하여, 미해결된 과제를 알아차릴 수 있게 하는 것이 중요하다. 나는 부분의 이름을 물어보지 않는다. 일반적으로 나는 내담자가 그 부분에 대해 알고 싶은 것을 부분에게 물어보도록 하는 식의 좀 더 개방적인 질문을 한다. 이 경우에는 부분의 이름을 물어보게 한 낸시의 질문이 효과적이었다. 마사는 "네…… 창문…… 영혼의 창문이에요……. 오직 빛만 보일 뿐, 그 외는 아무것도 안 보여요."라고 대답했다.

영적인 인도자는 종종 빛으로 나타나지만 지혜로운 여성, 종교적 인물(religious figures), 성스런 동물(animal guide) 형태로 나타나는 인도자 등 매우 구체적인 형태를 취할 수도 있다. 이 장면은 내가 인도자에게서 자주 발견해 온 형태인 비침범적 본질을 보여 준다. 이 인도자는 마사의 경험을 방해하지 않았고, 그녀가 알아차릴 수도 있고 그렇지 못할 수도 있는 이미지를 보여 주었으므로 그 본질을 명확히 하기 위해서는 질문이 필요했다. 나는 그 인도자가 마사에게 트라우마가 시작되었을 때부터 그녀의 취약한 부분의 보호자로서 존재해 왔지만, 마사의 의식의 장(conscious mind)으로 초대될 때까지 기다려 왔었다는 사실을 나중에서야 알게 되었다. 인도자들은 종종 초대를 기다리는데 그 이유는 잘 모르겠지만, 다양한 영적 전승들 속에서도 영적 인도자의 본질에 대해 이와 비슷한 방식으로 설명하는 것을 찾아볼 수 있었다.

무엇이 인도자들과의 소통에 도움이 되는가

낸시는 "그 빛에서 목소리가 들리나요?"라고 질문했다. 때때로 인도자들은 언어와 목소리로 존재하며, 때로는 직관적으로 느껴지는 감각(felt sesnse)이나 혹은 어떤 이미지의 형태로 소통하기도 한다. 낸시가 마사에게 부분과 대화해 보도록 한 것은 유용했다. 그것은 부분과의 소통의 장을 열었고 마사가 내면에서 무슨 일이 일어나고 있는지 탐색하도록 도왔다. 마사는 "네, '네가 물어볼 때가 되었다.'고 말하네요."라고 대답했다.

이러한 반응은 인도자가 때때로 제공하는 비밀스럽고 수수께끼 같은 인도함의 좋은 예이다. 마사의 경우, 인도자의 반응은 부드럽게 상기시켜 주는 것이자, 알아차려지고 초대되기를 기다리며 항상 그 자리에 있었다는 의미인 것 같다. 마사가 인도자에게 트라우마를 겪은 어린아이 부분을 위해서 더 해야 할 일이 있는지 물어볼 생각을 바로 한 것을 보면, 그녀는 분명히 인도자의 인도함을 요청할 준비가 되어 있었던 것 같다. 그런 다음 마사는 다음과 같이 말했다.

> 그 빛이 저에게 알려 준 것은 트라우마 사건을 살펴보아야 하는 것은 사실이지만, 사건 자체에 얽매이지는 말라는 것이에요. 다시 그 사건으로 돌아갈 필요는 없다는 것이죠……. 저는 쉬운 길로 회피하고 싶지는 않아요. 그러니 이걸 다시 한번 확인해 볼게요……. 네, "네가 원한다면 돌아갈 수 있다. 하지만 네가 지금 있는 곳이 아닌 다른 곳으로 돌아가지는 않을 거다……. 어차피 그곳이 그곳이다."라고 말하네요. "자신을 믿어라……. 이제 앞으로 나아갈 때이

다."라는 말이 들립니다. 그런 다음 "너는 네 스스로 힘이 있으니 두려워할 필요 없다."라고 말하네요.

치유 과정에 관한 인도

인도자들은 일단 나타나면 내면 작업을 이끌어 가는 훌륭한 자원이 된다. 이때 마사는 자신의 트라우마 경험에 대해 뭔가를 더 해야 하는데도 그녀가 피하면서 하지 않으려 하는 건 아닌지 두려워했고, 더 해야 할 일이 있는 건 아닌지 궁금해했다. 치료사들 간에는 트라우마를 다시 재경험하거나 그것의 모든 세부 사항을 검토해야 치유될 수 있다는 일반적인 믿음이 있다. 내 경험에 따르면 그렇지 않다. 고통을 안고 있는 추방된 부분을 인식하는 것이 중요하고, 그 부분이 전하고자 하는 것을 말할 수 있도록 초대하는 것이 중요하다. 거기에 고통의 일부를 알리고자 하는 것이 포함될 수 있지만, 그 사건의 재경험이 반드시 치유에 필요한 것은 아니다. 오히려 참자기에 집중하면서 추방된 부분과 함께 있는 것이 치유의 훌륭한 원천이 된다. 이때 마사의 내면 인도자는 무엇이 중요한지 명확하게 인도해 주었으며, 그것은 그녀의 강점에 대한 직접적인 인도였다. 이렇게 개방적이면서도 직접적이고 애정 어린 인도를 받으면 그것을 신뢰할 수 있게 된다. 마사의 경우에는 바로 그것이 필요했다.

비판단적이고 무조건적인 사랑

내면의 영적 인도의 또 다른 특징은 판단하지 않는 무조건적인 사랑에서 나온다는 점이다. 인도자는 명확한 방향을 제시하지만 그 조언을 받아들일지 여부는 항상 당사자의 선택에 달려 있다. 인도자는 또한 당사자가 자기 신뢰를 키울 수 있도록 위로와 지지를 보내는 것으로 보인다.

마사와의 작업에서 일어난 다음의 일은 내가 이끄는 작업에서 자주 일어나지만, 항상 이 정도로 강렬한 것은 아니다.

(긴 침묵. 감정 가득한 마사의 목소리) "이건…… 거의 마치 하나님을 바로 올려다보고 있는 것 같은 느낌이에요. 그 빛이 그냥 쏟아져 내려오는 것 같아요. 마치 파이프로 연결된 것처럼 내 안으로 곧바로 쏟아져 내려오는 것 같아요."

인도자의 현존은 종종 사랑과 치유적인 빛이 흘러내리는 듯한 직관적으로 느껴지는 감각(felt sense)으로 묘사된다. 이러한 인도자와의 연결이 이루어지면 필요할 때마다 그 인도자를 치료 과정 중에 초대할 수 있다. 내 경험으로는 취약하거나 트라우마가 있는 부분과 작업할 때 자주 이런 일이 일어난다. 이런 종류의 자원을 사용할 수 있으면 트라우마 치유가 훨씬 더 빨라질 수 있다. 다음 장에서는 내면 작업 과정에서 이런 일이 발생하는 더 많은 예를 제시할 것이다. 마사와의 작업은 계속되었다.

낸시: 기분이 어떤가요?

마사: 정말 감동적이에요. 이런 일이 일어난다는 게 믿기지가 않아요……. 감동이에요. 이게 우리 안에 있는 하나님이신 거죠?

(오랜 침묵)

이 특별한 순간은 이러한 영적 자원과 연결될 때 얼마나 깊은 감동과 감격을 느낄 수 있는지를 보여 준다. 때때로 이 연결감의 기억은 회기가 끝난 후에도 오랫동안 치유의 자원으로 계속 작용한다.

지혜

심오한 지혜를 알려 주는 것도 영적인 인도의 또 다른 특징이다. 마사의 경험에서처럼, 이러한 인도자가 존재할 때 내면 작업 중에 지혜가 전달되는 경우가 종종 있다. 마사의 반응은 우리 중 많은 이가 자주 깊게 고민하게 되는 실존적 질문을 제기한다. 영적인 인도 또는 신성한 에너지란 무엇인가?

마사는 자신의 인도자가 "우리 안에 계신 하나님이에요."라고 대답한다. 치료사로서 나는 인도자의 본질을 정의하는 것은 내담자의 몫이라고 생각한다. 특히 이러한 내면의 경험은 치유에 매우 귀중한 자원이기 때문에 내담자들이 이것을 어떻게 인식하는지에 대해 존중하는 것이 중요하다. 만약, 어떤 인도자가 내가 해롭거나 위험하다고 느끼는 것을 제안한다면, 나는 그것을 분별해 낼 방법을 찾아볼 것이다. 내 작업에서 그런 일이 일어난 적은 없지만, 만약 그런 일이 발생한다면 진정한 인도자가 아니라 체계의 어떤 다른 부분에서 나온 것이라고 가정할 것이다. 그 부분과 작업하다 보면 이것이 명확해질 것이다. 어떤 부분이 인도자로 가장한 채 그렇게 하고 있을 수도 있고, 그런 일은 종종 발생한다.

마사가 "…… 이것이 우리 안에 계신 하나님이신 거죠?"라고 말한 후에, 나는 마사가 이 사랑의 존재와의 연결감을 그녀의 부분들과 함께 공유하길 원했다. 내 경험에 의하면, 우리가 내담자에게 이러한 특별한 마음 상태를 자신의 부분들과 공유하도록 도와주면, 내담자가 이러한 특성을 일상생활에 적용하는 데 도움이 된다. 이런 일이 일어나도록 돕기 위해, 나는 "그 느낌을 가지고…… 다른 부분들에게로 갈 수 있을까요?"라고 물었다. 마사의 다른 부분들은 우리가 작업 초기에 만들어 놓은 '대기실'에서 기다리고 있었다.

마사: 제가 그 부분들에게 다시 초점을 맞췄을 때…… 부분들은 모두 조용히 이야기하고 있었어요. 제가 대기실에 들어갔을 때, 부분들은 조용해졌어요. 모두들 마치 경외심에 사로잡힌 것 같았어요……. '힘'이라는 단어가 마음에 떠올랐어요. 하지만 부분들은 두려워하지 않았어요……. 한 목소리가 말하네요……. "그녀는 진실을 알고 있다."

(마사의 울음소리)

어디선가 들려오는 목소리…… 하나님의 음성이겠지요? "모든 답은 내 안에 있고…… 나는 정밀 위대한 창조물이다."라는 말이 들려요.

(감정이 북받쳐, 잠시 멈춤)

이 구절은 인도하는 존재의 또 다른 특징, 즉 내담자들이 인도하는 존재로부터 자신이 누구인지에 대해 깊이 인정받는 느낌을 받는다는 것을 보여 준다. 내담자들은 자신의 본질을 이해받는다고 느낀다.

마사: 저는 많은 사랑과 평화를 느끼고 있어요……. 그리고 그 목소리가 계속 들려요……. "괜찮다. 그냥 계속 그렇게 느껴라……." 저는 지금 조금 압도당하는 느낌이에요……. 신뢰라는 단어가 계속 떠올라요……. 사랑이라는 말도요……. 그냥…… "사랑 안에 머물러라…… 사랑 안에…… 그것을 느끼고 그것으로부터 너의 인생을 살아라." 그게 제가 깨달은 전부예요……. 그것이 모든 것의 해답이자 열쇠예요.

(오랫동안 멈춤)

여기서 우리는 이러한 인도하는 존재가 제공하는 지혜의 또 다른 예를 볼 수 있다. "'사랑 안에 머물러라…… 사랑 안에…… 그것을 느끼고 그것으로부터 너의 인생을 살아라.' 그게 제가 깨달은 전부예요." 내가 이 회기에 많은 시간을 할애하는 또 다른 이유는 마사의 인도자가 말해 준 깊은 지혜 때문이다. 영적인 가르침이 이렇게 명쾌하게 전달되는 경우는 그리 흔하지 않다. 나는 수많은 현명한 영적 스승과 함께 공부하고 많은 세계 종교의 지혜로운 가르침을 읽어 왔지만, 마사의 내면 인도자를 통해 얻은 것보다 더 깊은 지혜를 접한 적은 없는 것 같다. 이 인도자의 가르침은 기독교에서의 아가페(Agape), 불교의 '참 사랑(true love)', 그리고 수피교의 '영적으로 깨어난 마음(awakened heart)'[4]인 것 같다.

---

4 '영적으로 깨어난 마음'이란 신과의 깊은 연결을 자각하고 신성한 사랑을 체험하여 원래의 순수한 본성을 회복한 상태를 말한다. 수피들은 이러한 깨달음이 인간의 궁극적인 목적이며, 진정한 행복과 평화를 찾는 길이라고 믿는다(위키백과 참고).

IFS 치료와 영성 연결하기

이 인도하는 존재가 치료 과정에서 현현(顯現)하게 되면 영성과 내면 체계 작업 사이에 다리가 놓이게 된다. 그것은 마음(mind)에 대한 일반적인 분석 도구를 사용하여 탐색할 수 있는 것이 아니라, 부분들이 조화를 이룰 때 일어날 수 있는 순수한 경험적 개방이다. 마사의 경험을 통해 이 순간을 목격하면서 나는 영성과 심리치료의 통합이 어떤 것인지 그 가능성에 눈을 뜨게 되었다.

이 회기 이후로 30여 년 동안, 나는 전 세계의 많은 내담자를 통해 비슷한 경험들을 해 왔다. 내가 치유적인 인도자와의 연결을 보다 의도적으로 초대했던 회기의 예를 들기 전에, 이러한 '내적 자원' 또는 내면의 '인도자'가 무엇인지에 대해 몇 가지 생각을 더 나누고자 한다. 내담자들이 치료에서 이런 현상들을 경험하는 것을 보면서, 나는 이러한 인도자의 '우주적(cosmic)' 특성을 분석하지 않으려고 노력해 왔다. 하지만 이 세상에 예수님, 소피아 또는 다른 영적 존재나 에너지처럼 사람을 돕는 에너지가 과연 실제로 존재할까 하는 의문은 가지고 있다.

내 생각에 치료 과정에서 중요한 것은 당사자가 한 경험의 현실성과 치유력이다. 사실, 치료 과정에서 이러한 경험들은 매우 실재적이고 강력한 치유의 근원이 된다. 어쩌면 그것은 그 사람의 마음 안에서 발생하는 심리적 구성체일 수도 있고, 아니면 그 사람이 정말로 자신의 체계 외부에 존재하는 어떤 존재에 동조(tuning)하고 있는 것일 수도 있다. 나는 이 두 가지 가능성을 모두 열어 두고 있기 때문에 이런 경험들의 실제 본질을 파악하는

데 시간을 많이 할애하지는 않아 왔다. 다만, 내가 아는 것은 이러한 인도자들이 대부분 개인의 외부에서 오는 것으로 경험되거나, 개인의 내면과 외부 사이에 명확한 경계가 없는 일종의 동조 상태(attunement)에서 오는 것으로 경험된다는 점이다. 내가 관찰한 가장 중요한 점은 이러한 인도자들은 우리가 참자기의 특성이라고 말하는 사랑, 비판단, 연민, 평화로운 에너지와 같은 특성을 가지고 있다는 것이다. 나는 인도자가 평화롭고 연민 어린 사랑 등 참자기/열린 마음의 모든 특성이 응집된 형태라고 이해하는 데 만족한다. 나는 내담자의 참자기에게 지지가 필요하다고 느낄 때, 내담자들에게 그들이 관계를 맺고 있다고 밝힌 영적 인도자의 원천과 연결해 보도록 권한다. 이것은 깊은 트라우마가 있었거나 그 사람을 참자기에서 벗어나게 하는 강한 양극화된 에너지 패턴이 체계 내에 있을 때 특히 중요하다.

트라우마를 겪은 사람이 인도자 또는 인도하는 근원이라고 불릴 수 있는 이와 같은 응집된 참자기-에너지에 연결될 수 있을 때, 트라우마는 훨씬 더 빠르게 처리될 수 있다. 그러나 각자의 경험은 각각 독특하므로 내면에서의 인도가 어떻게 전개될지에 대한 기대를 갖지 않는 것이 중요하다.

이러한 과정이 내가 진행한 워크숍에서 어떻게 펼쳐졌는지 하나의 예를 들고자 한다. 내가 진행하는 **치유자를 위한 치유**(Healing the Healer) 주말 워크숍 첫날 저녁에, 나는 참가자들에게 치유와 인도의 근원에 연결될 수 있는 평화로운 장소로 떠나는 내면 여행을 상상하도록 하는 심상 안내 작업(guided imagery exercise)을 이끈다. 심상 안내 작업이 끝나면, 나는 그들이 경험한 치유 장소 또는 인도의 근원을 나타내는 몇 가지 이미지를 그리도록 초대한다. 이것은 심상 안내 작업을 일상적인 의식 상태와 연결하는 데 도움이 되며, 이미지 경험을 종이 위에 그려 냄으로써 그것을 명료화하는 데 도움이 된다.

인도의 근원은 현명한 여성이나 남성, 영적인 존재, 성스러운 동물(guide animal), 빛, 또는 지혜롭고 사랑스러운 존재의 느낌 등 다양한 형태로 나타날 수 있다. 첫날 저녁에 진행된 심상 안내 작업에서 나온 이미지들은 다음 날 내면 작업을 시작할 때 자원이 된다. 그래서 나는 참가자들이 다루고 싶어 하는 문제와 관련된 부분과 작업할 때 그 이미지들을 초대한다.

다음 예는 내담자들이 내면 인도자의 근원을 먼저 명확히 했을 때 일어날 수 있는 내면 작업의 유형을 보여 준다. 나는 워크숍에서 IFS 치료를 할 때, 참여자들에게 자신의 삶에서 더 잘 이해하고 싶은 어려운 상황에 대해 생각해 보라고 권한다. 내가 여기서 소개하는 사례는 인생에서 힘든 시간을 보내고 있던 칼라(Carla)라는 참가자의 이야기인데, 그녀는 친구들의 지지를 원함에도 불구하고 무의식적으로 친구들을 밀어내고 있는 자신을 발견했다. 칼라는 자신의 말투가 매우 '가시 돋친' 편이라, 친한 친구들조차 떠나고 있다고 말했다. 집단으로 작업을 할 때, 나는 각자가 더 잘 이해하고 싶은 상황에서 반응하는 자신의 부분들을 파악할 수 있도록 내면 과정을 안내했다. 이때 칼라는 자신의 가시 돋친 부분을 찾을 수 있었다. 그 후 나는 참가자들에게 그들이 발견한 부분의 이미지를 종이에 그려 보도록 했다. 칼라는 아래의 이미지를 그렸다. 그녀는 가시 돋친 부분이 선인장처럼 보였고, 그 부분이 외로운 어린 소녀 부분을 보호하고 있다는 것을 알아차렸다고 말했다. 또한 그림에는 칼라가 전날 저녁에 작업할 때 발견했던 빛도 그려져 있었다. 아래의 그림에서 빛은 회색 흐름으로 표현되어 있다.

〈p. 225 컬러 작품 참고〉

내담자들에게 자신의 내면 작업을 외부적으로 표현하도록 초대하는 것은 그 작업이 일상적인 의식 속에서 구체화되도록 도와주며, 나중에 그 작업을 기억하는 데도 도움이 된다. 여기서 흥미로운 점은 내가 제안하지도 않았는데, 칼라가 자신의 부분을 탐색하는 내면 과정에 전날 저녁 작업에서 발견했었던 그 빛의 자원을 통합했다는 점이다.

내면 작업의 다음 단계에서, 나는 참가자들이 자신들의 보호자 부분 또는 다른 반응하는 부분들과 협상을 해 보도록 했다. 그 협상은 참가자들이 더 잘 알고 싶다고 선택한 부분과 만나서 대화할 수 있도록 허락을 받기 위한 것이다. 칼라는 외로운 작은 소녀 부분을 알고 싶어 했고, 소녀와 만나기 전에 보호자인 선인장 부분으로부터 허락을 받아야 했다.

워크숍에서 나는 전체 집단을 대상으로 심상 안내 과정을 이끌기 때문에 각 참가자를 개별적으로 안내하기는 어렵다. 그래서 나는 집단 전체의 내면 작업을 도울 수 있는 방법을 개발해 왔다. 선택한 부분을 만나기 위해 참가자들이 보호자와 협상하여 허락을 받고 나면, 나는 사람들이 선택한 부분과 대화를 시작하기 전에 먼저 내면 작업을 인도해 줄 수 있는 원천과 연결하도록 한다. 이렇게 하면 참가자들은 내면 작업을 위한 심상 안내를 받는 동안 참자기에 머물고 내면의 치유에 필요한 자원을 확보할 가능성이 높아진다.

그런 다음 참가자들에게 선택한 부분을 그 치유의 공간에서 만나고 '그 부분이 원하는 방식'으로 함께하도록 한다. 칼라는 치유의 빛이 있는 곳에서 외로운 어린 소녀를 만났다. 내면 작업을 위한 심상 안내 끝마무리 단계에서, 나는 참가자들에게 자신이 작업한 부분이 이제 어디에 있기를 원하는지 물어보도록 요청한다. 그런 다음 참가자들에게 보호자 부분에게로 돌아가서 보호자들이 필요로 하는 것이 있는지 확인하도록 한다. 심상 안내 과정이 끝나면 나는 참가자들에게 자신의 작업을 대표하는 이미지들을 그려 보라고 요청한다. 칼라가 그린 이미지는 다음과 같다.

〈p. 225 컬러 작품 참고〉

칼라는 자신의 경험을 설명하면서, 전날 밤에 이루어진 전체 집단을 대상으로 진행된 심상 안내 작업에서 치유의 빛으로 가득한 평화로운 장소를 발견했고 그곳에서 그녀의 외로운 어린 소녀 부분을 만났다고 했다. 그 평화로운 장소에서 어린 소녀 부분은 과거에 상처받은 것에 대해 이야기할 수 있었고, 칼라는 빛과의 연결감과 깊은 치유를 느꼈다. 칼라가 가시 돋친 보호자 부분을 살펴보았을 때, 그 부분은 치유 과정을 보고 있었던 것 같고 가시 돋친 외형이 달라져 있었다. 그 부분은 여전히 보호자였지만 가시가 대부분 사라졌다. 꽃은 이 치유의 빛의 아름다움을 상징하는 것으로, 이제 보호자도 꽃을 갖게 되었다. 칼라의 두 부분을 둘러싸고 있는, 그림에서 회색으로 표현된 빛은 참자기-열린 마음 에너지를 나타내는 것으로 볼 수 있다. 칼라의 이미지들은 이 과정의 치유력과 내면 작업을 하기 전에 영적 자원과 연결되는 것이 얼마나 중요한지를 명확하게 보여 준다. 이러한 자원을 이용할 수 있을 때, 종종 내담자들은 집단으로 진행된 심상 안내 과정에서도 깊은 치유를 경험한다.

영적인 인도와 연결하도록 초대하기

나는 내담자들을 알아 가는 데 있어 그들의 종교적 및 영적인 생활에 대해 질문하는 것이 중요하다는 것을 발견해 왔다. 내담자들이 영성을 어떻게 바라보는지, 내담자에게 영성이 어떻게 자원이 되어 왔는지, 그리고 아마도 영성과 관련해 그들이 겪어 왔을 어려움에 대해서 아는 것이 중요하다. 이 마지막 영역은 많은 이가 어린 시절의 종교적 경험과 관련된 트라우마를 보고하기 때문에 특히 중요하다. 여기에는 학대, 수치스러움을 느끼게 하는 경험, 실망, 혹은 자신이나 사랑하는 사람에게 나쁜 일이 생겼을 때 신앙을 잃은 것과 같은 상황 등이 포함될 수 있다. 내담자와의 치료 작업에서 영성에 대한 영역을 다룰지 말지의 여부에 상관없이 이러한 것에 대해 아는 것은 중요하다. 나는 내담자를 알아 가는 과정의 일환으로 그들의 종교적 혹은 영적 경험에 대해 몇 가지 질문을 하는데, 만약 그들이 원한다면 이러한 영적 삶의 요소들을 우리의 치료 작업에 활용할 수 있다는 점을 알려 준다. 개방적이고 수용적인 방식으로 접근하면 내담자들에게 부담을 주지 않으면서도 영성에 대한 것을 다루는 것이 가능하며, 동시에 그들이 사용할 수 있는 중요한 자원에 대해서도 알려 줄 수 있다. 이러한 질문은 긍정적인 반응을 보이는 부분과 부정적인 반응을 보이는 부분 모두를 활성화시키는 경우가 많다. 이는 내담자들이 삶의 이러한 측면과 관련된 부분들을 알 수 있는 좋은 기회를 제공하며, 이러한 부분들과 함께 작업하면 영적 자원에 더 깊고 쉽게 접근할 수 있는 길을 열 수 있다.

내담자가 자신의 삶에서 어떤 형태의 영적 자원을 가지고 있다고 보고한다면, 나는 내면 작업을 시작하기 전에 그 자원을 우리가 함께하는 작업의 일부분이 되게 하고 싶은지 물어본다. 또한 나는 내담자에게 그 자원과 연결하는 가장 적합한 방식이 있는지 물어본다. 때로 내담자들은 치료작업을 시작할 때 그 자원과의 연결을 하고 싶어 하지만, 나는 보통 내면 작업 과정에서 참자기에게 도움이 될 것 같은 순간에 이를 진행하는 편이다. 종종 나는 상처를 받았거나 트라우마를 입은 부분에 반응하게 되는 보호하는 부분이나 두려워하는 부분에 대해 작업한 후에, 그 자원과 연결하도록 하기도 한다. 이러한 부분들이 한 걸음 물러나서, IFS에서 말하는 '추방된' 부분과 마주할 준비가 되면, 나는 내담자들에게 다음 단계에 들어가기 전에 자신의 내적 자원과 연결하고 싶은지 물어본다. 내담자들이 그것을 바랄 수도 있고 아닐 수도 있다. 내담자가 참자기 상태에서 추방된 부분과 연결하는 과정만으로도 충분할 때가 많지만, 때로는 참자기-열린 마음을 지원하는 그 영적 자원과 연결하는 것이 맞다고 느껴질 때도 있다. 또한 나중에 부분의 짐 내려놓기나 치유 단계에서 그 자원이 초대될 수도 있다. 때론 내가 아무 말을 하지 않아도 이런 일이 저절로 일어나는 경우도 있다. 트라우마를 겪은 내담자들과 함께 40년 넘게 심리치료를 해 온 나의 경험에 의하면, 그러한 자원들을 이용할 수 있을 때 그 어떤 치료 과정보다 더 효과적이고 심도 있는 내면 작업이 가능하다.

내 경험에 따르면, 이러한 유형의 자원은 열린 마음의 치유 여정에서 중요한 측면이다. 참자기에 대한 경험이 열린 마음의 경험인 것처럼, 이러한 인도자들은 정신통합(psychosynthesis)[5] 이론에서 말하는 상위 자아(higher Self), 즉 초월적 중심이라고 부르는 것의 한 측면인 것 같다. 영적 인도는 종종 사람들이 의지하고 지지받고 위로받을 수 있는 연민과 평화의 근원으로 경험된다.

내가 강조하고 싶은 또 하나의 개념은 내면 인도자의 본질에 대한 나의 이해다. 나에게 있어 인도자는 응집된 순수한 참자기-열린 마음 에너지이다. 이 응집된 참자기/열린 마음 에너지는 각자에게 적합한 방식으로 나타난다. 이것은 부분들이 각 개인에게 고유한 형태로 나타나지만, 동시에 많은 사람에게서 유사하게 나타나는 원형적 특성을 지니고 있다는 점과 유사하다.[6]

이러한 영적 인도의 근원은 종종 개인의 내면 작업에서 자연스

---

5 이탈리아 심리학자 로베르트 아사지올리(Robert Assagioli)에 의해 창시된 이론. 그는 1972년「치료의 새로운 방법: 정신통합」이라는 논문을 발표하여 자신의 독자적인 입장을 밝혔다. 정신통합은 영성을 인간 정신의 한 부분으로 수용하는 최초의 자아초월심리치료 모델로서, 인간의 정신을 개인적 영역(의식과 무의식 포함)과 영적 영역으로 구분했으며, 이를 보다 정교화시켜 계란 모양의 정신 도식(egg diagram of psychology)을 만들었다. 도식의 아랫부분은 프로이트의 정신분석에서 다루는 억압된 내용이 있는 개인무의식(하부 무의식), 중간 부분은 일반적으로 교육이 다루는 개인의 자아실현과 사회에의 공헌이 이루어지는 개인의식(중위 무의식), 마지막으로 윗부분은 개인의 자아를 초월하여 고상한 윤리감각과 예술성, 우주의식의 근원이 되는 영적 영역(상부 무의식)이다. 이와 같이 정신통합은 자기치유-자기실현-자기초월의 전 단계를 포괄하고 있다(참고: 양명숙 외 공저(2013). **상담이론과 실제**. 서울: 학지사).

6 부분들은 사람마다 다르게 나타나지만, 동시에 여러 사람에게서 공통적으로 나타나는 원형적 특성을 지니고 있듯이, 내면 인도자도 이와 유사하다는 의미이다. 즉, 고유성과 보편성이 있다는 점에서 내면 인도자와 부분들이 같은 측면이 있다는 표현이다.

럽게 떠오르지만, 성스러운 예술이나 참자기의 원형적 이미지가 표현된 다른 예술 작품 같은 외적 이미지들을 통해서도 연결될 수 있다. 나는 브라마 비하라의 네 가지 열린 마음의 특성들인 자애, 연민, 기쁨, 평정심을 표현한 4개의 조각상을 발견했다. 나는 이 특성들을 기억하기 위해 상담실에 그 조각상들을 가져다 놓았다.

〈p. 226 컬러 작품 참고〉

이 장의 마지막에는 치료를 위한 그림 카드나 여러분이 수집한 다른 이미지들로 할 수 있는 실습을 제공할 것이다. 이 실습은 내면에서 말을 건네 오는 영적인 특성과 접촉하는 것을 도울 수 있도록 고안되었다.

다음 장에서는 내면의 인도자가 중요한 역할을 하는 치유 회기를 공유할 것이다. 내가 개인 치료를 했던 내담자들과 **치유자를 위한 치유** 워크숍에 참여했던 참가자들에게, 나는 그들이 자신의 이야기를 더 많은 대중과 공유할 의향이 있는지 물어보았다. 그들 대부분이 치료사이거나 다른 영역에서 도움을 주는 전문가들이기 때문에, 나는 그들에게 내면에서 어떤 느낌을 받았는지 독자들이 알 수 있도록 그들의 내면 작업에 대해 알려 달라고 요청했다. 내가 선택한 어떤 회기는 한 회기 내에서 전체 작업 과정을 잘 보여 주기 때문에 선택한 것이지만, 항상 그렇게 한 회기 내에서 전체 작업이 이루어지는 것은 아니다.

IFS 치료에서의 인도자의 본질

- 인도자는 내면 작업에서 내담자에게 나타나는 존재이지만 그 사람의 성격적 측면이 아니라는 점에서 부분과 동일하지 않다.
- 인도자는 비판단적이며 참자기의 많은 특성을 가지고 있다. 인도자는 일반적으로 지혜로운 사랑의 존재로 경험된다.
- 인도자는 다양한 형태로 나타날 수 있다. 전통적인 종교적 형태나 영적 형상을 취하기도 하고 동물이나 빛과 같은 다른 형태로 나타나기도 한다. 또한 형태는 없이 어떤 의미 있는 느낌으로만 표현되기도 한다.
- 인도자는 때때로 불가사의하다. 인도자는 자비롭기도 하지만 장난스럽기도 하고, 그 의미를 파악하는 데 시간이 걸리는 인도를 하기도 한다.
- 인도자가 현존할 때 내담자는 참자기에 더 많이 접근할 수 있으며, 인도자는 내담자의 체계에 조화로운 영향을 미친다.

영적 자원과 연결하기 위한 연습

이 연습은 영적 또는 참자기/열린 마음의 특성을 나타내는 이미지로 시작한 후, 신체적 감정[7]과 언어적 차원을 알아차리는 것에 초점 맞추도록 하여 경험을 고정시키고 심화시킨다. 이 연습은 독일에서 실시한 많은 훈련 프로그램에서 나를 도왔던 앤-캐트린 보크만(Ann-Katrin Bockmann)과의 협업에서 발전되었다. 내가 여러분의 경험을 직접 안내해 주기를 원한다면 나의 웹사이트(wingedheart.org)에 있는 동영상 링크를 활용할 수 있으며, 다음은 그 과정에 대한 설명이다.

- 샤론 사전트 에크슈타인(Sharon Sargent Eckstein)의 이너 액티브 카드(Inner Active Cards)[8]에는 인도와 힘의 근원을 나타내는 여러 이미지가 있다. 다음 쪽의 카드는 그중에서 이 실습을 위해 자주 선택되는 것들이다. 이너 액티브 카드가 없다면 잡지나 인터넷에서 모은 이미지나 직접 만든 이미지들 중에서, 자연의 평화로운 이미지나 성인(聖人)의 이미지처럼 당신에게 영적인 특성을 나타내는 것들을 찾아보자. 그중에서 자신에

7 신체적 감정(bodily emotions)이란 감정이 신체적으로 어떻게 느껴지는지를 의미한다. 예를 들어, 불안할 때 가슴이 답답해지거나, 분노할 때 얼굴이 뜨겁게 느껴지는 것처럼, 감정이 신체적으로 어떻게 반응하는지를 알아차리는 데 초점을 맞추게 한다는 의미이다.

8 이너 액티브 카드처럼 IFS 치료에 활용할 수 있도록 역자 손성희는 한국인의 정서와 문화를 반영한 IFS 마음 카드(Korean IFS Cards)를 개발하였다.
www.relationpowerplant.co.kr

게 있어 참자기/열린 마음의 특성을 나타내는 이미지 하나를 선택해 보자.

⟨p. 227 컬러 작품 참고⟩

- 선택한 이미지가 나타내는 특성이 자신에게 체화된다면(embodied) 어떤 느낌이 들지 상상해 보자. 원한다면 눈을 감아도 좋다.
  - 이 특성이 체화되는 것이 몸에서 어떻게 느껴지는지 알아차려 보자.
  - 어떤 감각이 느껴지는가?
  - 몸 어디에서 그것을 느끼는가?
  - 이 특성을 들이마시고 내쉬면서 그 감각이 몸 전체로 확장된다고 상상해 보자.
- 이 특성을 충분히 느낄 때 마음 상태가 어떤지 알아차려 보자.

- 이 마음 상태에 녹아들어 있을 때 어떤 감정이 느껴지는가?
- 이 마음 상태에서 무엇인가를 말한다면 뭐라고 말할까? 이것을 소리 내어 말해 보는 것도 좋다.
- 이제 이 특성이 체화된 모든 수준, 즉 몸, 감정, 어울리는 단어, 떠오르는 이미지 등에 대해 알아차려 보자.
- 잠시 동안 이 상태에 머물러 보자. 숨을 들이쉬고 내쉬면서 온몸으로 이것을 느끼고 이 마음의 상태를 즐겨 보자.
- 이 상태를 기억하고 단순히 2~3번 정도의 의식적인 호흡을 반복하는 것만으로도 이 상태에 다시 연결될 수 있다는 것도 스스로에게 알려 주자.
- 이제 눈을 뜨고, 서서히 의식을 지금 자신이 있는 곳으로 되돌려 보자.
- 이제 주변을 둘러보면서 이러한 특성이 여전히 나 자신에게 존재한다는 것을 느껴 보자. 이 이미지의 특성과 호흡에 의식을 집중하면서 하루를 보내는 것을 상상해 보자.

3장

IFS 치료와 영성: 아동기 트라우마 치유

다음은 성 학대 트라우마에 대한 IFS 작업 과정을 보여 주는 치료 회기의 녹취록이다. 이 자료는 영적 수행이 심리치료에서 어떻게 자원이 될 수 있는지도 보여 준다. 이 작업은 영성과 IFS 치료의 통합에 관심이 있는 치료사들을 위한 **치유자를 위한 치유** 워크숍에서 진행되었다. 이 사례를 선택한 이유는 트라우마로 고통받던 어린아이 부분이 단 한 번의 회기로 치유되는 중요한 단계를 경험했기 때문이다. 이 과정이 핵심만을 담은 간단한 형태로 구성되어 있어서, IFS 치유 과정의 몇 가지 주요 단계를 잘 보여 주는 데 도움이 된다. 이 사례 속 내담자의 이런 빠른 회복은 자기 자신에 대한 지식, 강한 영적인 연결, 그리고 그 내담자의 내면 작업을 담아내어(container) 준 소규모 지지적 치료 집단이 있었기 때문이다. 서로를 지지하는 집단에서의 작업은 종종 집단의 참자기/열린 마음 에너지 덕분에 더 빠르게 흘러갈 수 있다.

이 사례에 등장하는 클라우디아는 다른 사람들의 치유를 돕기 위해 이 책에 자신의 경험을 기꺼이 공유하였다. 원래는 익명으로 공유하려 했지만, 그녀는 자신의 이름을 사용하는 것이 적절한 것 같다고 판단했다. 클라우디아는 우리와의 작업을 시작하기 20여 년 전부터 자기 내면의 트라우마를 입은 아이 부분에 대해 이미 알고 있었다. 수년간 전문적인 트라우마 치료를 받았지만 이러한 치료에도 불구하고 치유가 되지 않았으며 때로는 치료적 상호작용으로 인해 다시 재외상(re-traumatized)[1]을 겪기도 했다. IFS의 가장 큰 장점 중 하나는 트라우마를 겪은 부분들과 작업할 수 있는 체계적인 과정을 제공하며, 영적인 자원과 결합하면 비교적 단기간에도 깊은 치유를 제공할 수 있다는 것이다. 클라우디아는 자신의 치유 작업에서 특히 중요하다고 생각한 측면들과 자신의 치유 경험을 명확하게 설명할 수 있었다. 이 장의 마지막에서 그녀의 이러한 통찰들을 나눌 것이다.

클라우디아의 트라우마는 반복적인 성적 학대와 관련이 있었고, 그녀의 어머니는 그것을 막지 않았거나 막을 수 없었다. 클라우디아가 집단에 참여했을 때 그녀는 마음챙김 명상 훈련에 대한 경험이 상당히 많은 상태였다. 그렇게 명상 훈련 경험이 풍부한 것이 회기 내의 작업에 도움이 되었으며, 또한 그녀가 이 회기에서 그렇게 깊이 작업할 수 있었던 이유를 어느 정도 설명해 주기도 한다. 클라우디아는 이미 여러 차례 참석했던 대규모 집단 워크숍을 통해 나의 작업에 대해 알고 있었다. 그녀는 나와 개인 치료 작업을 해 본 적은 없지만 내 작업 방식을 신뢰하고 있었다. 이

1 부적절한 치료나 부적절한 상황으로 인해 과거의 외상성 기억이 유발되어 신체적 · 심리적 피해가 더욱 커지는 경험을 의미한다.

러한 이력 때문에 나는 이런 심각한 주제에도 불구하고 소집단 환경에서 깊은 트라우마 작업을 해도 안전할 것이라고 생각했다.

다음 단락에는 녹취된 대화 내용이 포함되어 있다. 클라우디아는 치료사들에게 도움이 되고, 치유 여정에 있는 생존자들에게 희망을 줄 수 있길 바라는 마음으로 이 녹취록을 공유하는 데 자원했다. 녹취록 전반에 걸쳐, 치료가 진행됨에 따른 IFS 치료 과정에 대한 나의 설명을 덧붙였다.

톰: 어디서부터 시작하고 싶으신가요? …… 다른 참가자 중 한 명의 작업에 대해 강한 반응이 있었다고 하셨죠. 잠시 시간을 내어 내면을 들여다보고 그 반응이 무엇인지 알아보는 건 어떨까요?

이 작업에서 중요한 것은 활성화되고 있는 상황에서 몸, 감정, 생각이 어떻게 반응하고 있는지를 알아차리는 것이다. 나는 문제를 파악한 후에, 내면으로 들어가 내면 상태 혹은 활성화된 부분들을 알아차리는 것부터 시작했다.

클라우디아: 네, 맞아요. 저는 무언가가 저를 자극했다는 것을 알아차렸고 그것에서부터 시작하고 싶어요.

클라우디아는 그녀의 트라우마에 관련해 받았던 이전의 치료들에서 오히려 재외상을 입었었는데, 다시 그녀의 트라우마에 대해 작업한다는 생각이 그 기억들을 촉발시켰다고 말해 주었다.

톰: 그 말이 이해가 되네요. 불안했을 것 같아요.

클라우디아의 트라우마를 입은 부분이 치료사들의 반응에서 받은 메시지는 그녀가 겪은 일이 너무 끔찍해서 함께 작업하기 힘들다는 것이었고 그래서 그녀는 그들에게 배신감을 느꼈다고 말했다.

클라우디아: 네. 아주아주, 매우 큰 불안이에요. 이미 말씀드렸듯이 저는 치료에 대한 신뢰가 많이 깨졌어요.

톰: 그러니까, 당신에게 불안함이 있고 그 불안이 있는 데에는 이유가 있군요.

클라우디아: 네, 맞아요. 한편으로는 이러한 신뢰에 대한 배신감이 있고 다른 한편으로는 불안이 있어요. 그리고 제가 그 감정에 빠져들면 제 자원과의 접촉도 끊기죠.

클라우디아는 IFS 치료를 위한 '이너 액티브 카드' 중에서 뽑아 놓은 자신의 자원을 나타내는 카드를 보여 주었다.

클라우디아: 그런데 제가 이런 것들에 대한 이야기를 하면 제 상처만 보고 경이로움은 보지 않게 될까 봐 걱정이 돼요. 왜냐하면 저는 이러한 어려움들조차도 하나의 기적이며, 제 작업을 나눔으로써 다른 사람들의 상처도 변용(transform)[2]될 수 있도록 도울 수 있으며, 제 스스로도 제 안의 이러한 문제를 해결할 수 있다는 것을 느끼고 있거든요. 그런

2 보통 변형이라고 번역되나 형태가 아닌 형질이 변한다는 면에서 변용이라고 번역한다.

상처가 제 안에서 완전히 바뀔 수 있다는 것, 그리고 다른 사람들의 상처를 변용시키는 데에도 도움을 줄 수 있다는 것은 기적이에요.

톰: 그렇다면 이렇게 변용을 가져오는 놀라운 자원을 어떻게 접하게 되었는지, 어떻게 그걸 전경(foreground)으로 가져올 수 있는지 알려 주실 수 있을까요?

특히 트라우마와 같은 심각한 문제를 다루는 회기를 시작할 때면, 내담자가 어떤 내적 자원과 강한 유대감을 느끼는지, 그리고 회기 중에 그 자원에 연결하는 것이 중요하다고 느껴질 때 어떻게 내담자에게 그 자원과 연결하도록 상기시킬 수 있는지를 아는 것이 중요하다.

클라우디아: 음, 그것은 명상이에요. 제가 숨을 쉬고, 제 호흡을 알아차리고, 그 호흡을 배까지 닿게 하면 그것이 내면의 공간을 열어요. 그리고 그것이 하나의 명상 수행이 돼요. '이제 나의 내면이 확장되었다. 내 안에 넓은 공간이 있다.'는 것처럼요.

톰: 저와 작업을 하는 도중에도 그 호흡 방법을 사용하도록 권하고 싶네요……. 작업의 어느 지점에서 당신이 자신의 중심으로 돌아가고 싶을 때 말이죠. 만약 당신 자신의 중심과 접촉이 잠시 끊어진 것 같을 때, 우리가 함께 호흡을 통해 그 넓고 여유로운 공간으로 다시 돌아오는 것을 기억해 보도록 합시다.

그런 다음 나는 그녀가 인식하고 있는 그 부분으로 다시 주의를 환기시켰다.

톰: 그래서, 당신은 이 불안한 부분에 대해 어떻게 알아차리나요? 당신 안에서 그것을 어떻게 감지하나요?

(클라우디아가 조용히 멈춤)

클라우디아: 마음챙김을 하면서 내면을 느끼면 불안이 곧바로 달라지는 것을 느껴요. 처음에 이 부분에 대한 작업을 시작했을 땐 숨도 쉴 수 없을 정도로 불안으로 가득 차 있었어요. 그런데 당신이 제게 내면으로 주의를 돌려 이 부분을 알아차려 보라고 해 줬을 때, 그 불안이 사라졌어요……. 그 불안이 올라올 땐 너무 크고 압도적이어서, 저는 해리되고 제 몸을 떠나 버리게 돼요.

톰: 그래서 그 상태를 알아차리면, 그 불안한 상태가 더 이상 당신의 중심을 차지하지 않는다는 느낌을 갖게 되는 거군요. 그것이 당신의 한 부분입니까? 이 불안을 두려워하는 부분이 있나요?

클라우디아: 당신이 그렇게 물어보니까 혼란스러워요. 트라우마와 연관된 혼란스럽고 방향을 잃은 느낌이 제 안에서 일어나요. 아무도 저를 이해하지 못할 것이라는 두려움과 제가 통제력을 잃을 것이라는 두려움도 있어요.

내가 서로 다른 두 가지의 불명확한 질문을 해서 클라우디아의 혼란스러움이 야기되었고, 그래서 그녀는 내가 그녀를 이해하지 못한다는 느낌을 받은 것 같다. 이로 인해 클라우디아에게 결코 자신이 이해받지 못할 것이라는 두려움이 활성화되었다.

톰: 그러니까 통제력을 잃을까 봐 두려워하는 부분과 아무도 나를 이해하지 못할까 봐 두려워하는 부분이 당신 안에 있다는 거네요.

클라우디아: 혼란스러워하는 부분이 있어요. 불안한 부분도 있고, 통제력을 잃을까 봐 두려워하는 부분도 있고, 이해받지 못할까 봐 두려워하는 부분도 있어요.

여기서 클라우디아의 부분들에 대한 내 반영이 보다 정확해졌고, 그녀는 그녀 안에 존재하는 다른 부분들을 즉각적으로 알아차렸다.

톰: 그럼 더 잘 알고 싶은 부분을 하나 골라 보세요.

여러 가지 내적인 상태가 내담자 안에 명백하게 동시에 존재할 때, 나는 보통 그 사람에게 어떤 부분을 먼저 작업하고 싶은지 선택하라고 권한다.

클라우디아: 혼란스러움을 먼저 다뤄 보고 싶어요.
톰: 그럼, 그 혼란스러움에 대해 알아차려 보세요.
클라우디아: 음.
톰: 혼란스러움에 주의를 기울이면서 무엇을 알아차리시나요?
클라우디아: (울기 시작함) 그 혼란스러움은 트라우마에 압도된 아이가 느끼는 거예요. 그리고 이 사랑스러운 어린 소녀에 대한 슬픔도 있어요.

거의 즉시, 그녀는 중요한 한 아이 부분에 집중하기 시작했다. 이런 경우가 항상 일어나는 것은 아니다. 보통은 보호자들이 먼저 나타난다.

톰: 사랑스러운 어린 소녀가 있군요. 그리고 당신도 그 어린 소녀의 감정을 느끼고 있고요.

(잠시 멈춤)

그냥 지금 일어나고 있는 그 현재에 머물러 보세요.

(좀 더 긴 멈춤)

클라우디아: 그렇게 하니까 아이에게 "이리 오렴." 하고 말하는 어머니 부분이 나오네요. 그래서 아이는 어머니에게 달라붙고 어머니는 사랑스러운 마음으로 아이를 달래고 안심시켜요. 그런 다음 또 다른 부분이 나와요……. 정말 안도하는 부분이에요. …… '아, 누군가 이 과정을 지켜보고 있구나, 누군가 우리와 함께 있구나.'라고 하네요. 그러자 비애 부분, 슬픔이 올라와요. 아이는 너무 오랫동안 그곳에 아무도 없이 혼자였어요.

트라우마로 인한 고통을 지닌 부분들은 그 고통에 압도되지 않도록 일반적으로 억압되거나 '추방'된다. 그러나 이것은 추방된 어린 부분들이 홀로 고통을 감내하고 있다는 것을 의미한다. 내담자가 참자기로서 추방된 부분과 현존하거나 다른 사람들과 그 고통을 나눌 수 있을 때, 더 이상 고통 속에 혼자 있지 않아도 된다는 느낌은 큰 위안이 된다. 그러나 이 경우에서처럼, 이 부분이 얼마나 오랫동안 고통 속에서 혼자 외롭게 지내 왔는지를 깨닫고 깊은 슬픔에 빠질 수도 있다.

톰: 그랬군요, 아무도 없었군요. 정말 슬픈 일이네요. 아이가 많이 외로웠군요……. 그래서 이 슬픈 부분이 함께 있고요. 그리고 당신이 이제

이 부분의 감정을 같이 느끼고 있네요.

(클라우디아가 울고 있음)

이런 순간에 할 수 있는 일은 당사자에게 이런 감정을 느끼는 것이 어떤지 물어보는 것이다. 그들이 괜찮다고 보고한다면, 그들에게 참자기/열린 마음의 특성이 충분하다는 것이고, 그것은 치유의 경험이 된다. 나는 종종 내담자들에게 그들이 자신 내면의 부분들이 느끼는 감정을 느끼고 있으며 그것이 감당할 만하다는 것을 부분들에게 알려 주도록 한다.

클라우디아: 그래서 어머니 부분이 슬픈 부분에게로 가서 "그래, 네가 너무 오랫동안 외로웠구나. 내가 최선을 다해서 네 곁에 있어 줄게."라고 말하네요.

(시간이 좀 지남)

톰: 그런 다음 무슨 일이 일어났나요?

클라우디아: 그리고 어머니 부분이 "보렴, 나뿐만 아니라 다른 이들도 여기 있단다."라고 말해요. 아름다워요. (그녀는 그녀가 작업을 하는 동안 함께하고 있는 소집단을 언급하고 있다.) 그리고 슬픈 부분이 둘러보며 약간 흐느끼며 말하네요. "네, 좋아요." …… 정말 아름다워요. 이제 이 슬픈 아이 부분이 안전하다고 느껴요.

여기서 슬픈 아이 부분은 참자기로부터 직접적으로 위로를 받은 것이 아니라 어머니 부분으로부터 위로를 받은 것 같다. 일반적으로 IFS의 목표는 참자기와 부분 간의 상호작용을 하는 것이지만, 여기에서는 부분 대 부분의 위로가 그녀에게 잘 일어나고 있는 것 같아서 나는 그 과정을 계속 진행하도록 했다. 치료적 상호작용에서 나의 목표는 내담자가 참자기 상태에서 트라우마를 겪은 부분과 현존할 수 있도록 점진적으로 안내하는 것이다. 참자기의 존재 정도를 확인하기 위해 나는 "이 부분에 대해 어떻게 느끼시나요?"라는 질문을 한다. 이 질문을 통해, 참자기가 반응하는 것인지 아니면 다른 부분이 반응하는 것인지 반응의 본질을 파악한다.

톰: 어린 소녀, 슬픔, 불안함, 어머니 등 당신의 모든 부분을 바라볼 때 어떤 느낌이 드나요?

클라우디아: 깊은 평화와 고요함이 느껴져요. 제가 제 호흡과 제 안의 공간을 느낄 때 저는 제 안의 모든 것과 함께할 수 있어요.

참자기의 특성이 있음이 분명했고, 내가 질문을 하자 클라우디아는 호흡 수행을 통해 자신의 내적 자원과 다시 연결해야 한다는 것을 떠올렸다. 이러한 상태는 참자기 특성들이 전경으로 드러나도록 도와주었다.

톰: 그래서 이 내면의 공간에서, 당신은 그들 모두와 함께 있을 수 있군요.

클라우디아: 네, 이것은 마치, 글쎄요. 이게 당신이 참자기라고 말해 왔던 그것 같아요. 그들은 모두 거기에 있고, 거기에 모두가 함께 있는 것이 적절해 보여요. 좋네요.

참자기 상태의 한 가지 특징은 판단, 두려움, 혼란 없이, 모든 부분을 있는 그대로 수용한다는 것이다.

톰: 부분들에게 그걸 말해 줘도 좋을 것 같아요. 모두 거기에 있는 것이 적절하다고요.

클라우디아: 너희들이 거기에 있는 게 옳아. 너희들 모두…… 그리고 너희들은 정말 잘 협력하고 있어. 하지만 지금 우리가 서로와 함께하는 이 공간도 정말 좋다는 생각이 들어요……. 정말 좋은 에너지가 느껴져요. 이 집단이 그 공간을 함께 만들어 내는 데 도움을 주고 있다는 게 너무 아름다워요.

클라우디아에게는 신뢰할 수 있는 소집단 안에서 작업하는 것이 분명 중요했다.

클라우디아: 갑자기, 모든 불안과 혼란의 원인이 되는 두 가지 부분이 올라왔어요. 그 하나는 어린 소녀가 강간당한 후 속옷 차림으로 침대 끝에 앉아 있는 장면이에요. 그리고 그것은 말할 수 없을 정도로 통합하기 어려운 부분이에요. 그 소녀의 존재를 인정하는 것조차도 [부모와 치료사들에 의해] 항상 엄청나게 거부되었어요. 그리고 그 깊은 고통을 느끼거나 인정하거나 이해할 수 없게 되었고요.

여기서 우리는 추방되고 트라우마를 입은 부분이 스스로를 드러내는 것을 통해 체계 내에 충분한 참자기 에너지가 있음을 알 수 있다. 이제 그 부분이 외상 후(post-trauma) 상황에 있으니 참자기/열린 마음이 트라우마를 입은 부분에게 필요한 것을 제공할 수 있을 만큼 클라우디아가 충분히 안정되었는지 확인할 때였다.

톰: 누군가를 필요로 했던 그때의 그 소녀에게 당신이 다가가는 것을 상상해 볼 수 있나요? 그리고 소녀가 필요로 했던 그 대상이 되어 그곳에 함께 있어 줄 수 있나요? 그리고 당신이 그렇게 할 때 어떤 일이 일어나는지 저에게 알려 주세요.

이제 트라우마를 입은 부분이 드러났으니, 나는 이 질문으로 그녀가 참자기 상태에 있는지 확인하고 있었다.

클라우디아: 그건 정말 힘들어요. 소녀에게 접근하기가 정말 어려워요. 소녀는 마치 죽은 것 같아요. 자신과의 접촉을 허락하지 않아요.

이 대답은 외로운 어린 소녀 부분과 함께할 수 있는 충분한 참자기 에너지가 이전에는 있었지만, 트라우마를 입은 부분의 강렬함이 다른 부분을 의식의 전경으로 끌어올렸음을 보여 준 것이다. 작업해야 할 부분이 죽은 것 같거나 반응이 없거나 접촉을 꺼린다면, 다른 부분이 트라우마를 입은 부분에 대해 강하게 반응을 보이며 접촉을 막고 있다는 걸 알 수 있다. 그래서 내가 던진 질문은 반응하고 있는 부분을 찾아가고, 그 부분을 알아주는 과정을 시작하는 것이었다.

톰: 그래서 당신은 그 소녀가 당신과 접촉하는 걸 허락하지 않고 있다는 걸 알아차리고 있군요. 그 소녀가 그렇게 할 때 어떤 느낌이 드나요?

그 어린 소녀가 그렇게 할 때 어떤 반응을 하게 되나요?

클라우디아: 저는 큰 사랑을 느끼면서도 무력감을 느껴요. "뭐가 필요하니?"라고 말하고 싶어요.

여기서 나는 참자기 에너지의 존재를 알아차렸고 동시에 무력한 부분이 반응하고 있는 것을 알아차렸다. 참자기와 부분이 동시에 존재하는 경우가 종종 있다. 무력감은 참자기가 반응하는 방식이 아니다. 어떤 부분과의 관계에서 무력감을 느낀다는 것은 다른 부분이 존재하여 이러한 반응을 일으킨다는 것을 의미한다. 앞에서 클라우디아가 친절하고 자상한 어머니 부분과 함께 있는 어린 소녀의 이미지를 떠올렸을 때, 나는 이것이 참자기의 특성을 많이 갖고 있으며 슬픈 아이를 위로할 수 있는 부분이지만, 참자기는 아니라는 인상을 받았다. 보통 사람이 참자기 상태에 있을 때, 그것은 관찰하는 상태의 마음이지, 보여지는 상태는 아니다. 그 당시에는 과정이 순조롭게 흘러가고 있었기 때문에 나는 클라우디아의 내면에서 일어나는 일을 지지하는 것 외에 다른 작업을 할 이유가 없었다. 하지만 강간당한 부분이 드러났을 때, 지금 무력감을 느끼는 어머니 부분에게 그것은 너무 과했던 것 같다. 이 시점에서 무력감을 하나의 부분으로 식별하는 것이 중요했다. 여기서 나의 안내는 아주 간단했지만 강력한 효과를 발휘했다.

톰: 그렇군요, 당신은 그 무력한 부분을 찾을 수 있나요?

클라우디아: (웃음). 그거 참 안심이 되네요. 무력한 부분이라니……, 맞아요!

이 사례에서는 무력감이 부분이라는 것을 단순히 인식하는 것만으로도 클라우디아가 참자기 상태로 돌아갈 수 있었다. 종종 그것이 그렇게 간단하지는 않지만, 참자기가 아주 많이 전경에 있었기 때문에 이 간단한 질문이 클라우디아가 무력감과 분리될 수 있게 해 주었다.

톰: 그래서 무력한 부분이 거기에 있고 무엇을 해야 할지 모르지만, 괜찮아요. 지금 당장 뭔가를 할 필요는 없어요. 나중엔 할 수 있겠지만 지금 당장 할 필요는 없어요……. 기다리면서 쉴 곳을 찾으면 돼요. (그녀가 웃음)

나는 클라우디아가 자신이 무력한 것이 아니라 단지 그녀의 한 부분이 무력하다는 것을 이해했을 때 그녀의 체계에 안도감이 깃드는 것을 보았다. 무력한 부분이 확인됨에 따라, 나는 클라우디아에게 그 일을 하는 것이 가치 있고 중요하지만 지금 당장 뭔가를 할 필요는 없다는 것을 그 부분에게 알려 주라고 했다. 그런 다음 클라우디아가 다시 아이에게 다가갔을 때 어떤 일이 일어나는지를 통해서 그녀가 참자기/열린 마음 상태에 있는지를 확인했다.

톰: 좋아요, 이제 다시 아이에게로 다가가서 어떤 일이 일어나는지 제게 알려 주세요.

클라우디아: 내면에서 움직임이 있어요. 마치 제 마음이 치유 에너지로 가득 찬 액체 금(金)이 담긴 그릇이 되어, 아이 쪽으로 기울인 채 그 치유 에너지를 아이에게 흘려보내는 것 같아요.

이것은 매우 강력한 이미지였으며, 클라우디아가 마음이 열린, 즉 온전히 참자기/열린 마음 상태가 되었을 때 치유의 빛이 '액체금'을 쏟아 냈다. 나는 치유에 필요한 자원이 무엇이든, 필요한 것이 주어질 것을 알고 있었다. 클라우디아는 매우 순수한 참자기/열린 마음 에너지와 분명히 연결되어 있었다. 나는 보통 여기서 그 과정이 자연스럽게 흘러가도록 시간을 준다. (이 이미지는 클라우디아에게 자연스럽게 떠올랐다. 만약 그녀가 트라우마를 입은 아이에게로 향할 때 조금이라도 주저했다면 먼저 그녀를 그녀의 인도자와 더 깊이 연결하도록 초대했겠지만, 그럴 필요는 전혀 없었다.)

얼마 후, 나는 그 부분의 반응에 대해 물어봄으로써 그 과정이 어떻게 진행되고 있는지 확인했다. 트라우마를 겪은 부분은 제공된 것을 받아들이지 못하는 경우가 있기 때문에 그 부분이 어떻게 반응하고 있는지 주기적으로 확인하는 것이 중요한데, 이는 일반적으로 다른 부분이 존재하기 때문이다. 내담자들은 때로 그 아이 부분에게 필요한 것을 참자기가 아닌 다른 부분, 즉 돕고자 하는 부분으로부터 제공하려고 한다.

톰: 그 아이가 그것을 받아들이고 있나요?

클라우디아: 음……. (클라우디아가 재미있게 웃기 시작함) 그렇게 하고 나니 제 안에서 무언가가 울컥하네요. 지금까지 아이가 이렇게 편안하게 장난치고 웃는 걸 한 번도 본 적이 없었기 때문에 기쁨의 눈물이 나네요.

지금까지 한 번도 기쁨을 경험해 본 적 없는 그 아이가 갑자기 그런 감정을 느낄 수 있는 이러한 순간이 내게는 너무나 소중하다. 이 글을 쓰는 지금 이 순간마저도 잠시 멈춰서 그 순간을 다시 즐기고 싶은 마음이다.

톰: 멋지네요.

클라우디아: 지금 이걸 입 밖으로 꺼내는 게 좀 쑥스럽지만 한번 말해 볼게요. …… 내 신성한 손이 그 아이의 머리를 쓰다듬고 있어요.
(클라우디아가 울고 있음)

다시 한번, 이 순간을 천천히 음미해 보자. 그렇다면 기적처럼 보이는 이 열린 마음의 에너지는 무엇이며, 클라우디아가 아이를 쓰다듬는 '신성한 손'을 느낀다는 것은 무엇을 의미하는 것일까? 나에게 이 열린 마음인 참자기는 특별한 에너지의 장이며, 연민과 평화, 치유를 전달하는 공명(resonance)이다. 참자기가 우리 안에서 분명해지면 이러한 특성들이 드러나기도 하지만, 때로는 더 많은 것이 생겨나는 것 같다. 이러한 순간에는 우리를 통해 신성한 에너지가 흐르는 느낌이 있다. 이것이 클라우디아에게서 자연스럽게 일어난 것으로 보이며, 액체 금과 치유의 손 이미지 모두 그녀만의 독특한 이미지이지만, 나에게는 이것들이 깊은 치유의 순간에 떠오르는 이미지와 그 특성을 대표하는 것으로 매우 친숙하게 느껴진다. 무언가 원형적인 것이 생겨난 것 같고, 어떤 보편적인 치유와 사랑의 에너지가 흐르고 있는 것 같다.

톰: 맞아요, 맞아요. 그 느낌이 맞아요.

나는 클라우디아의 체계가 가진 지혜를 따랐고 나도 평화와 기쁨을 느꼈다. 오랫동안 고통과 수치심을 안은 채 갇혀 있던 이 어린 소녀 부분이 이제야 누리기 시작한 기쁨이었다.

클라우디아: 이 아이를 방 밖으로 데리고 나가서 목욕을 시켜 주고 싶은 충동이 드네요……. 멋진 목욕을 시켜 주고 싶어요.

톰: 좋네요. 그 아이가 괜찮다고 하면 지금 그렇게 할 수 있어요.

클라우디아는 스스로 그 트라우마 장면에서 아이를 데리고 나와 치유의 장소를 찾았다.

클라우디아: 아주 좋은 향기가 나요…….

톰: 네, 정말 안심이 되네요. 그 아이의 상처가 치유되고 있으니 더 이상 짐을 짊어질 필요가 없어요.

이 말은 너무 직접적이었고 너무 빠른 진행이었다. 다행히도 이러한 내적 치유 여정에 동행할 때 우리는 완벽할 필요가 없다. 클라우디아는 스스로 그 과정을 수정했다. 더 나은 대응은 약간 더 기다려 주면서 공간을 만들어 주고, "어린 소녀는 어떤가요?" 또는 "지금 무슨 일이 일어나고 있나요?"라고 묻는 것이다.

클라우디아: 아니요, 처음에 아이와 함께 욕실에 갔는데 거기는 적절한 장소가 아니었어요. 트라우마가 발생한 곳과 너무 가까워서 다른 곳으로 데려갔어요. 따뜻한 물이 있는 큰 동굴로 가서 함께 수영하고 물

장구를 치고 있어요.

(긴 침묵)

클라우디아의 대답에서 우리는 그녀가 자신의 작업 과정의 방향을 결정하는 것을 볼 수 있다. 내가 마지막에 너무 빨리 진행하자 클라우디아는 "아니요, 거긴 적당한 곳이 아니에요. 우리는 적당한 장소를 찾아야 해요."라고 말했다. 여러 해 동안의 경험을 통해, 나는 치료사가 너무 적극적이지 않는 것이 매우 중요하다는 것을 알게 되었다. 치유 과정은 내담자의 내면 체계가 지닌 지혜에 따라 자연스럽게 일어나기 때문에, 내담자가 자신의 치유 과정을 따라갈 수 있도록 충분한 여유를 주는 것이 중요하다. 위에서 보인 나의 반응에서 분명히 알 수 있듯이, 때때로 우리 치료사들 또한 도움이 되고 싶어 하거나 무언가를 하고 싶어 하는 부분들을 가지고 있다. 이로 인해 내가 그랬던 것처럼 지나친 개입을 하게 될 수 있다. 나는 너무 지시적인 태도를 취하지 않으려 하는 반면 내가 느끼는 것에 대한 반영은 하려 하는데, 내가 치료 과정에 함께하고 있음을 알리고 무엇이 가능한지를 내담자에게 알리기 위해서다. 또한 나는 내가 너무 적극적으로 나선다 할지라도 우리가 좋은 작업 관계에 있다면, 내담자는 자신이 필요한 과정으로 되돌아갈 것이라는 것도 알고 있다.

클라우디아: 이곳은 크고 멋진 치유 공간처럼 느껴져요. 하지만 그 침대에 대한 이미지가 계속 떠오르네요. 그리고 그건 정말 기분이 나쁘네요. 그 침대가 사라졌으면 좋겠어요.

때때로 내담자는 치유 과정에서 교착상태에 갇힐 수 있어서 이를 헤쳐 나갈 수 있는 틀(framework)이 필요해진다. 이때가 바로 치료 과정을 안내하는 치료사의 지식이 매우 중요하게 작용하는 순간이다. 침대의 이미지가 클라우디아에게 계속 떠올랐고 이 이미지가 학대의 괴로움과 고통을 담고 있기 때문에 그녀는 그것이 사라지기를 원했다. 이 사례에서 침대는 IFS 모델에서 짐이라고 부르는 것을 상징한다. 짐은 트라우마와 관련된 기억, 신념 또는 고통을 담고 있다. 이러한 짐들은 기억된 경험들을 응축한 하나의 이미지나 감각으로 표현될 수 있으며, 이를 통해 변용되고 해방될 수 있는 과정이 가능해진다. 나의 개입은 침대에 대한 이미지가 짐을 상징하며 이를 변용하고 해방시킬 수 있다는 것을 알려 주는 것이었다. 또한 나는 이 짐이 어떻게 변용될 수 있는지에 대해 열린 제안을 했다. 클라우디아가 어떻게 그 과정을 즉시 이해했는지 그녀의 대답에서 볼 수 있다.

톰: 침대에 대한 이미지는 이 아이 부분이 트라우마로 인해 가지게 된 짐이며 아이가 원한다면 그 짐을 떠나보낼 수 있어요. 아이가 불, 물, 흙과 같은 모든 종류의 에너지를 사용하여 그것을 변용시키거나 없앨 수 있도록 그 과정을 당신이 도와줄 수 있고요…….

클라우디아: 그것을 용광로에 넣었어요……. 모두 불타고 있어요……. 금속이 녹고 있고요. 그리고 모든 부정적인 에너지는 우주 끝까지 날아가요……. 하지만 이 금속이 녹은 액체가 남았어요……. 그것으로 에나멜 그릇을 만들 수 있고, 그 안에 물이나 꽃을 담아 놓을 수도 있고, 담긴 물 위에 양초를 띄워 놓을 수도 있고, 그걸 치유의 방에 놓을 수

도 있어요. 그리고 그 그릇을 바위들 위에 올려 두면 정말 사랑스러운 분위기를 연출할 수 있을 것 같아요.

클라우디아는 이 짐을 변용시킬 수 있는 가능성을 곧바로 감지해 냈고 그 변용이 어떻게 일어날지 그 이미지들을 스스로 상상해 냈다. 나는 내담자들이 이러한 치유의 흐름에 있을 때 간단한 열린 안내만으로도 자신의 변용된 이미지를 활성화할 수 있다는 것을 알게 되었다. 그리고 이러한 작업은 고요한 침묵과 함께 상당한 시간을 필요로 한다. 나는 사람들이 이러한 치유의 공간에 있을 때 그들 안에서 생겨나는 창의성에 끝없는 경이로움을 느낀다.

클라우디아: 우리가 여기서 하고 있는 일에 대해 저는 정말 깊은 감사를 느껴요. 제가 여러 해 동안 모아 왔던 수천 개의 퍼즐 조각이 이제야 하나로 모이고 있어요. 아주아주 오랜 과정이 완결되고 있어요. (깊은 숨을 내쉼) 그릇과 꽃들이 있는 동굴, 이 치유의 방이 너무나 아름다워요……. 정말 멋져요……. 아주 많은 치유가 일어나는 걸 제 마음속에서 느낄 수 있어요.

나는 그녀와의 작업을 끝내기 전에 물어보고 싶은 질문들이 있었지만, 회기가 끝나 가고 있다는 것을 알았다. 이러한 유형의 회기를 종료하기 전에, 이전에 추방되었던 부분을 새로운 형태로 체계에 다시 통합하는 것이 중요한데, 만약 그 부분이 다른 부분들과 함께하기 위해 돌아올 준비가 되어 있지 않다면 다른 장소를 찾도록 해 주어야 한다. 이를 위한 첫 번째 단계는 클라우디아의 다른 부분들에게 작업에서 일어난 일을 목격했는지 확인하고, 그 부분들이 필요한 것이 있는지도 물어보는 것이다.

톰: 오늘 우리가 같이 작업했던 몇몇 다른 부분들이 주변에 있는지, 무슨 일이 일어나고 있었는지를 알아차리고 있는지 궁금하네요.

클라우디아: 알겠어요, 살펴볼게요. 무력한 부분을 살펴보니까 물장구를 치기 시작했고 정말 행복해해요. 불안한 부분은 그 가장자리에 감독자처럼 서서 모든 것을 지켜보고 있는데 고개를 끄덕이면서 다 괜찮다고 말해요. 그리고 아이들과 무력한 부분이 함께 물놀이하며 웃고 있어요. 어머니 부분은 깊은 숨을 들이쉬면서 이렇게 말해요. "너무 좋다…… 아이들이 잘되면 부모에게도 좋은 법이지."

(지켜보고 있는 워크숍의 전체 집단원이 흐뭇하게 웃음)

그리고 혼란스러워하던 부분은 행복한 아이와 어우러져 녹아들며 아이와 하나가 되고 있어요.

(긴 침묵)

클라우디아: 이제 부분들에게 아이디어가 생겼어요. 부분들이 큰 축하 행사를 하고 싶어 해요. 촛불을 많이 켜고 꽃을 많이 가져왔어요. 마치 기쁨으로 가득 찬 아름다운 가족 같아요. 너무나 아름답고 치유적인 모습이고, 제 몸에서 그게 느껴져요.

이렇게 깊은 내면 작업 후에는 부분들이 이런 식의 축하 행사를 시작하는 경우가 자주 있는데 나는 그것이 항상 놀랍다. 이런 일이 항상 일어나거나 반드시 필요한 것은 아니지만, 때로는 그것이 자발적으로 발생하기도 한다. 그렇게 되면 부분들이 함께 모여 서로에게 맞는 관계를 찾아 나가게 된다.

작업을 끝내기 전에, 나는 내담자에게 이러한 내면의 변화를 일상생활에서 어떻게 기억할지 상상해 보라고 제안하는 것을 좋아한다.

톰: 나중에 이걸 기억할 수 있기 위해 필요한 작업이 있다면 그걸 해 보세요.

이 질문을 통해, 나는 주로 이미지로 이루어지던 내면의 경험을 좀 더 구체적인 형태로 일상 속에 통합될 수 있도록 돕고 있다. 그 회기의 남은 시간과 주어진 상황에 따라 이 과정에 더 많은 시간이 소요될 수도 있다. 이 경우에도 그녀는 즉시 의미를 파악하고 앞으로 나아갈 길을 찾았다.

클라우디아: 기억할 수 있도록 그림을 그려 볼게요. 쏟아져 나온 황금빛 액체가 만든 하트의 모양과 장난스레 웃고 있는 아이의 모습을 그릴 거예요. 그리고 집에 돌아가면 꽃과 양초를 사서 이 에너지를 다시 깨우기 위해 매일 초를 켤 거예요.

톰: 이제 오늘을 마무리하기 위해 필요한 작업을 하세요.

클라우디아: 정말 감사하고, [집단원들에게도] 감사합니다.

톰: 그리고 여러 해 동안 이 치유 에너지의 씨앗에 물을 주는 데 시간을 들여온 당신에게 감사함을 전합니다.

클라우디아: 이건 완전히 새로운 차원의 변용 같아요. 그리고 이제 당신처럼 집단 작업을 할 수 있을 거라는 제 자신에 대한 믿음이 제 안에 생겼어요. 어렵지 않게 해낼 수 있을 거 같아요. 당신이 한 작업을 과

소평가하는 건 아니고요, 저도 해 볼 수 있을 것 같아요.

치료사가 이러한 유형의 내면 작업을 진정으로 이해하려면 치료사 자신이 직접 경험해 봐야 하며, 그렇게 할 때 그 과정의 본질을 이해할 수 있다.

톰: 당신의 내면이 넓고 안정적이어서 오늘 이렇게 깊이 작업할 수 있었어요. 또한 당신이 오늘 우리의 집단이 만들어 낸 공간과 함께 공명하면서 당신 자신과 다른 이들의 에너지를 신뢰할 수 있었기에 가능했습니다.

클라우디아: 네, 이곳에 이미 많은 것이 있었다고 느껴요. 하지만 당신이 함께하면서 더 풍부해질 수 있었어요.

클라우디아는 매우 깊은 치유 과정을 경험했다. 그녀가 단 한 번의 회기에서 그렇게 깊이 작업할 수 있었던 것은 그녀가 해 온 이전의 심리적 작업과 영적 수행, 그녀가 숙련된 치료사라는 사실 그리고 소집단의 지지와 이런 종류의 과정을 이끌어 온 내 경험 덕분이었다.

클라우디아는 다른 이들이 그녀의 내면 작업을 관찰하면서 학습할 수 있도록 전체 회기를 녹취하여 기록했다. 그녀는 회기를 기록한 후 나에게 회기의 사후 효과에 대해 편지를 보내왔고, 치유 과정에서 중요하다고 느낀 점에 대한 관찰 목록도 첨부했다. 자신의 내면에서 치료 과정을 어떻게 경험했는지 누군가가 명확하게 설명해 주는 것은 선물이며, 이 글을 읽으면서 나는 이 작업의 핵심이 무엇이었는지 다시 한번 생각하게 되었다. 이 집단에 모이기 전에 서로를 전혀 몰랐음에도 이 집단이 서로를 든든히 지지해 줄 수 있었던 이유 중 하나는 내면 작업을 시작하기 전에 명상 수행, 명상서클 댄스(meditative circle dances),[3] 치유 자원에 대한 심상 안내 작업, 그리고 집단에서의 나눔을 함께해 왔기 때문일 것이다.

다음은 클라우디아가 회기의 녹음을 검토하고 경험을 돌아본 후 밝힌, 회기에 대한 소감이다.

1) 집단은 치유 에너지에 휩싸여 있었다. 집단은 마음챙김, 영적 에너지, 개방성으로 가득 차, 나를 충만하게 지지해 주었고, 빛과 사랑을 가득히 느낄 수 있었다.
2) 깊은 침묵 속에 강렬한 에너지가 흐르고 있었다. 그 안에서 나는 존중받고, 나만의 공간이 주어졌다고 느꼈다. 덕분에 내 자신을 보여 주고 개방할 수 있는 용기가 생겼다. 집단은 사랑과 열린 마음의 분위기 속에서 각자가 서로 함께 현존하기로 합의되어 있었다. 나는 연결감이 생기는 것을 느낄 수 있었다.
3) 내 안에 있는 내면의 마음챙김 공간과의 접촉은 매우 좋았고 그로 인해 강력한 내면의 리더십을 갖게 되었다.

---

3 명상서클 댄스는 몸을 움직이며 명상하는 방식이며, 단순한 춤이라기보다는 음악과 함께 원형으로 움직이며 내면의 평화와 연결을 찾는 동적인 명상이다. 전 세계의 영적 전통을 기반으로 하며 유니버설리즘 수피 전통에서 비롯된 것이다. 저자는 이 명상서클 댄스를 활용하여 워크숍에서 참가자들이 함께 움직임을 하면서 만트라나 성스러운 구절을 반복적으로 노래하듯 읊는 명상적인 그룹 활동을 하도록 했다.

4) 톰의 영향력

a. 톰의 따뜻하고 다정한 목소리에서는 무조건적인 현존과 알아차림이 느껴졌다.

b. 톰의 부드럽고 신뢰할 수 있는 끊임없는 존재감은 한시도 사라지지 않았다.

c. 톰의 자애롭고 열린 마음은 목소리, 자세, 평온함을 통해 의미 있게 전달되었고, 그것은 내가 내 자신을 열고 신뢰하는 데 도움이 되었다.

d. 치료를 공동 작업으로 여기는 톰의 태도를 통해 나는 이 작업에서 동등한 파트너라는 느낌을 받았고, 이것이 내 자신에게 더 많이 다가갈 수 있게 해 주었으며 나를 강하게 만들었다.

e. 톰의 무조건적인 수용은 나에게 자신감과 마음을 열 수 있는 힘을 주었다.

f. 톰이 "음." "네." "그럼요." 등의 말을 하고 부분의 반응에는 이유가 있다는 것을 이해한다고 표현하면서 끊임없이 접촉해 준 것 또한 중요했다. 이러한 친밀감이 내 마음을 치유해 주는 것 같았다. 그것은 마치, 이러한 상황에서는 항상 내 내면의 길을 따라가라는 격려를 받은 기분이었다. 나는 용기를 얻을 수 있었다.

g. 톰은 내가 내 안에 있는 부분들을 찾아내도록 촉진했다.

h. 톰이 부분들에 대해 공감하고 있다는 것을 항상 느낄 수 있었고, 그가 이러한 부분을 인식하고 나와 함께 그들의 의미를 느끼고 그들을 인정해 준다는 것이 치유의 향유(香油)처럼 느껴졌다.

i. 톰은 치료 과정의 관찰자였으며 내가 관찰적 거리를 유지하도록 도와주었다. 이것이 나를 치유하는 데 크게 기여했다.

j. 톰은 참자기-에너지가 강했고, 내 안에 있는 참자기-에너지를 일깨우고 고무시켜 주었다. 나는 그것을 치유로 경험했다.

5) 나에게 떠올랐던 다음의 이미지들도 치유를 경험하게 했다.

a. 생명을 잃은 아이에게 쏟아부은 내 마음속의 액체 금. 아이는 살아났을 뿐만 아니라 장난스레 웃기 시작했다. 갑자기 아이에게서 짐이 사라졌다. 내가 지난 22년간 아이와 접촉하는 동안 아이가 그렇게 장난치며 웃는 것 같은 경험을 한 적이 없었다.

b. 아이가 따뜻한 물로 목욕을 하고 치유의 향기에 둘러싸여 있던 바위 속 치유 공간. 여전히 남아 있던 나쁜 기운을 씻어 내고 심오한 회복이 가능했다.

c. 나중에 이 아이는 따뜻한 물에서 큰 소리로 웃고 농담을 하면서 모든 부분과 함께 놀았다. 또한 그 에너지는 깊은 회복을 가져왔다.

d. 철제 침대는 내 마음속에 몇 번이고 반복해서 떠올랐고 극심한 스트레스였다. 나는 그것을 '없애 버리고' 싶었다. 원소들(elements)을 사용해 변용해 보라는 톰의 권유로, 침대를 용광로에 넣어 녹인 다음 그것으로 금속 그릇들을 주조하여 흰색 에나멜로 코팅했다. 그런 후에 이 그릇들 안에 꽃과 물에 띄우는 작은 양초들을 넣어 치유의 공간을 장식했다.

6) 나는 동굴의 바위와 모든 부분의 존재를 느낄 수 있었다. 모든 것이 좋게 느껴졌다. 모든 부분이 평화롭고 행복하게 온전한 통합을 이룬 것 같았다. 나는 '모두가 거기에 함께 있어서 좋다.'는 것을 느낄 수 있었다. 나는 온전한 일체감을 느꼈다.

a. 모든 부분이 파티를 열자고 했다. 지금 와 생각해 보면, 나는 이것이 재탄생의 축복, 또는 재탄생과 삶의 축복, 그리고 삶의 기쁨을 축

하하는 것이었다고 말하고 싶다. 그 축제는 기쁨의 씨앗을 강화하는 방법이었다.

b. 다음 날 명상에서 톰은 참자기-에너지를 우리 삶의 모든 부분에게 흐르게 하자고 제안했다. 이 시각화는 나에게도 마음의 위안이 되었다. 그것은 더 많은 내면의 평화와 온전함으로 이어졌다.

c. 이 명상을 하는 동안 나는 모든 부분에게 무엇을 원하는지도 물어보았다. 아이는 옷이 필요했다. 나는 아이에게 프릴 소매가 달린 흰색 드레스를 주었다. 그 아이의 마음속에 나는 크고 밝게 빛나는 푸른 다이아몬드를 넣어 주었다. 파괴되었던 자기-가치감은 이 과정을 통해 더 완전히 치유되었다. 아이는 참자기-에너지로 가득 찼다.

7) 작업이 끝날 때 나는 "이 작업은 배움이었어요."라고 말했다. 톰이 내가 한 말의 뜻을 이해했는지는 확실하지 않다. 내가 말한 것의 의미는 이 작업의 의미가 무엇인지에 대해 매우 강하고 깊은 느낌을 받았다는 뜻이었다. 내가 '배운 것'은 열린 마음의 중요성에 대한 것이었다.

8) 집에서 나는 새 유리 그릇에 물을 담아 꽃과 양초를 띄워 거실을 장식했다. 정원에 놓았던 흰 그릇들은 너무 가까이 두고 싶지 않았다. 또한 나는 흰 블라우스와 긴 흰색 치마를 사서 파란색 부츠와 함께 입었고 머리에는 파란색 꽃을 꽂았다.

9) 일상생활에서 치유의 감각을 매일 조금씩 더 통합하려면 어떻게 해야 할까? 내 마음은 계속 치유되고 있으며 이 치유를 깊게 안정화하기 위해서는 더 많은 치유적인 이미지와 치유 에너지가 필요하다고 느낀다.

결론

클라우디아가 시간을 내어 자신의 내면 작업 과정을 공유해 준 것에 대해 매우 고마움을 느낀다. 그녀는 이러한 유형의 내면 작업에 대한 특별한 역량과 자신이 겪은 과정을 명확하게 표현할 수 있는 능력을 모두 갖추고 있다. 모든 사람이 클라우디아처럼 빠르게 치유 과정에 깊이 들어갈 수는 없지만, 시간이 지나면서 많은 이가 이 접근 방법을 사용하여 비슷한 치유 경험을 할 수 있었다. 이 과정을 안내하는 내게서 클라우디아가 경험한 특성들은 내가 열린 마음인 참자기 상태에 중심을 둘 수 있었기 때문에 나타난 것이라고 생각한다. 수년간 해 오고 있는 내 자신의 내면 작업과 40년 이상의 영적인 열린 마음의 여정을 걸어온 덕분에, 내면 작업을 안내하면서 내가 열린 마음으로 그 자리에 현존할 수 있었다고 믿는다.

클라우디아와 같은 치유 여정은 내가 워크숍과 개인 치료 작업을 계속해 나가도록 영감을 주었다. 또한 그러한 치유 여정이 바로 이 책을 쓰게 된 이유인데, 다시 말하면 영성이 내면 체계 작업과 결합될 때 생겨나는 치유의 힘을 더 많은 사람에게 알리기 위해서 이 책을 쓰게 된 것이다. 다음 장에서는 이 회기 이후 몇 년 후에 진행된 클라우디아와의 회기를 제시할 것이며, 어떻게 다양한 삶의 조건이 다른 추방된 부분들을 활성화시킬 수 있는지를 설명할 것이다.

4장

전쟁 트라우마로 인해 물려받은 짐 치유하기

그 후로 나는 클라우디아를 여러 해 동안 보지 못했고, 다시 만난 것은 독일 카두시어스(Caduceus) 센터에서 내가 진행한 **치유자를 위한 치유** 워크숍에 그녀가 참석했을 때였다. 이 워크숍이 열린 때는 러시아의 우크라이나 침공 한 달 후인 2022년 봄이었다. 워크숍에 참석한 많은 사람이 치료사들이었는데, 그들의 내담자 중 많은 이가 전쟁 소식을 듣고 매우 불안해했고 그들의 가족이나 심지어는 치료사 역시 예전에 경험했던 트라우마 경험이 다시 활성화된 경우도 잦다고 했다. 많은 독일인에게는 제2차 세계대전 말 침공해 오는 러시아 군대를 피해 피난을 떠나야 했던 부모나 조부모가 있었고, 여러 사람이 우크라이나에서 그때와 같은 잔혹한 일들이 벌어지고 있다는 보도를 듣고 있었다. 워크숍이 진행되는 동안 클라우디아는 오랫동안 자신 안에 묻혀 있던 또 다른 부분을 다룰 수 있었다.

상황이 이렇다 보니 나는 **치유자를 위한 치유** 워크숍을 우크라이나 전쟁으로 인해 활성화된 부분에 집중해 진행하기로 했다. 나는 샤론 사전트 에크스타인의 '이너 액티브 카드'와 시리아 난민들이 만든 예술작품이 담긴 **'자타리 캠프**(Zaatari Camp)'[1]의 **'힐링 이미지**(Healing Images)'[2] 카드들을 혼합해 사용했는데, 이 중 많은 카드가 이 문제와 관련된 주제를 담고 있었다. 워크숍에서 클라우디아는 어머니가 겪었던 전쟁 트라우마와 관련된 부분들에 대해 알게 되었다. 그녀의 경험은 새로운 상황이 어떻게 오랫동안 추방되어 온 다른 부분들을 활성화시킬 수 있는지 보여 주고 있고, 클라우디아의 초기 내면 작업을 기반으로 하고 있다. 그러므로 이 장에서는 그 경험에 대해 나누려고 한다. 그녀의 여정은 치유를 위한 영적 자원의 힘과 치유가 일어날 수 있는 조건을 만드는 IFS 치료의 중요성을 보여 준다.

내가 워크숍 참가자들에게 어떻게 특정 카드를 선택하여 작업을 시작하도록 했는지에 대한 자세한 설명은 이 장의 끝에 있다. 클라우디아는 다음과 같이 카드들을 선택했다.

---

1 2012년 7월, 시리아 내전으로 인해 발생한 대규모 난민 유입을 수용하기 위해 설립된 요르단 북부에 위치한 시리아 난민 캠프이다. 한때 세계에서 가장 큰 난민 캠프 중 하나였으며, 2020년 기준으로 약 8만 명 이상의 난민이 거주하고 있다.

2 자타리 캠프에 거주하는 시리아 예술가들의 작품을 모아 만든 IFS 치료용 그림 카드이다. 부분들과 이슬람 심리학을 통합, 예술가들의 난민 생활과 캠프에서의 삶에 대한 경험과 감정을 담은 이미지로 확장되어 만들어졌다.
http://www.inneractivecards.com/syrian-refugee-cards.html

〈p. 228 컬러 작품 참고〉

전체 참가자들을 소집단으로 나눈 후 선택한 카드가 자신에게 어떤 의미를 갖는지 소집단 안에서 나누도록 했다. 클라우디아는 다음과 같은 내용을 적었다.

1. 첫 번째로 고른 카드에 있는 아이들은 활기, 살아 있는 환희(joie de vivre)[3], 밝음 속의 연결 그리고 공동체를 의미한다. 이 카드는 내가 키우고 더 갖고 싶은 것을 나타낸다.
2. 두 번째로 고른 것은 상처받은 아이 카드이며 상처받은 아이의 외로움, 다친 고통, 깊은 절망을 의미한다. 사실 주어진 카드들 중에는 이 부분을 제대로 나타내는 카드가 없었다. (나중에 이 아이 부분을 클라우디아가 종이 위에 어떻게 표현했는지 보게 될 것이다.)
3. 세 번째로 고른 것은 기사 카드이며 다친 아이 앞에 서서 아이를 숨기고 있다. 기사는 아이를 보호한다.
4. 네 번째로 고른 카드 그림의 과학자는 전쟁의 사실을 직면할 수 있는

3 프랑스어이며 영어로는 joy being alive를 의미한다.

이성(理性)을 나타내지만 다음의 것 또한 알려 준다. "나는 행복할 수 있다. 나는 전쟁 지역에 살지 않는다(I do NOT live in a war zone). 나는 안전하다. 나는 괜찮다. 나는 지금 여기에 살고 이곳엔 전쟁이 없다."

소집단 내에서 각자가 선택한 카드가 그들에게 어떤 의미인지에 대해 나누고 나서 대집단으로 돌아오면, 각자 추후에 더 작업하고 싶은 카드를 하나 선택하도록 한다. 그런 다음 그 부분에 대해 더 알아 갈 수 있도록 하는 과정을 거친 후 종이 위에 그 부분을 표현하도록 한다. 클라우디아는 아래의 그림을 그렸다. 그녀는 그것이 단계적으로 그려졌다고 말해 주었다. 처음의 그림은 비명을 나타내는 빨간색 원이 있는 큰 눈물방울이었다. 황금빛 옷을 입은 사람의 모습, 그리고 그 사람을 감싸고 있는 하트와 눈물방울이 지르는 비명이 대집단 심상 안내 작업 후에 추가되었다.

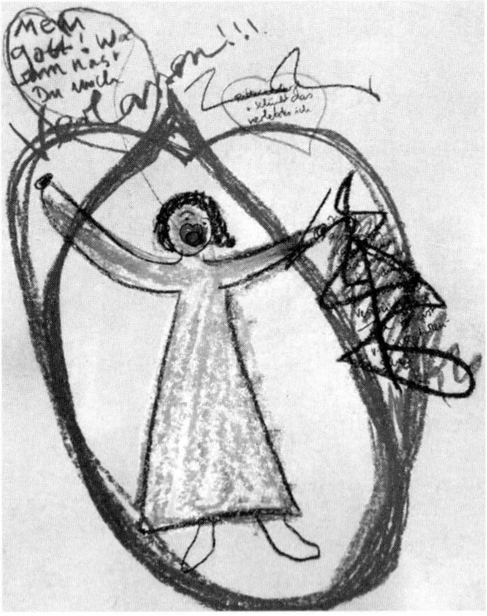

〈p. 228 컬러 작품 참고〉

클라우디아는 이 이미지가 전쟁으로 인해 다치고, 죽고, 사랑하는 사람들을 잃고, 겁에 질려 도망치는 우크라이나 사람들과 공감하며 느꼈던 절망적인 비명을 표현했다고 말했다. 그녀는 그녀의 그 절망이 거대하게 느껴졌다고 했다. 클라우디아는 또한, 이 그림을 보면서 그녀가 종이에 써 놓은 "하나님, 나의 하나님, 당신은 왜 나를 버리시나이까?"라는 말이 떠올랐다고 말했다. 이것은 『구약성경』 시편 22편에서 나오는, 십자가를 진 예수님의 말씀이다. 나중에 내가 클라우디아에게 이 말들이 무엇을 의미하냐고 물었을 때, 그녀는 "제게 더 이상 영적인 연결이 없을 때의 가장 깊은 절망의 표현이에요."라고 말했다.

그녀는 다음과 같이 그 후의 과정이 이어졌다고 했다.

> 그 뒤 저는 그 부분을 금색으로 칠해서 완전히 바꿔 보려고 했어요. 그 부분 주위에 하트를 그리고 치유의 황금색 빛 안에 머무르게 하려고 시도했고요. 하지만 그건 저에게 충분한 도움이 되지 않았어요. 저는 너무 인지적으로 그것을 하고 있었어요.

이 절망하는 부분을 돌보려는 그녀의 첫 번째 시도에 대한 묘사는 그녀가 다른 부분[4]으로부터 이 절망하는 부분을 돌보려 했음을 나타내는 것으로 보인다. 종종 그렇듯이, 우리의 돌보미 부분(caretaker part)들이 도움을 줄 수 있지만 그런 부분들이 할 수 있는 것에는 한계가 있다. IFS 치료 과정에서 참자기/열린 마음과 부

4 여기서는 클라우디아의 돌보미 부분이다. 참자기가 아닌 돌보미 부분이 절망하는 부분을 돌보려고 하고 있었다는 의미이다.

분과의 사이에 일차적인 상호작용이 이루어지도록 하는 것은 이러한 이유 때문이다.

이 작업을 집단 안에서 촉진하기 위해, 나는 타깃으로 선택한 부분[5]에 반응하는 다른 부분들을 참가자들이 알아차릴 수 있도록 돕는 과정을 집단 작업의 일부로서 개발해 왔다. 이 작업은 내담자들이 추후에 타깃 부분과 내면에서 만나 작업할 수 있도록 하기 위한 준비작업으로서 행해진다. 이 작업 단계 동안 클라우디아의 돌보미 부분이 활성화되었고 황금색이 더해졌으며 하트 이미지가 추가되었다. 이 단계가 끝날 때 나는 참가자들에게 반응하는 부분들의 가치를 인정해 주도록 요청한다. 그러고 난 후 참가자들로 하여금 그 반응하는 부분들을 초대하여 근처에서 기다릴 장소를 찾아 주도록 한다. 그렇게 함으로써 참가자들이 참자기/열린 마음의 상태로부터 선택한 부분을 만날 수 있도록 한다.

다음으로 참가자들로 하여금 그들이 선택한 부분과 만나기 전에 먼저 그들의 영적 자원과 연결되도록 한다. 이때 이 영적 근원과의 연결을 통해 참가자들이 자신의 열린 마음 상태인 참자기에 집중하도록 돕는 안내 과정을 한다. 이 작업 단계에서 클라우디아는 천사의 모습을 상상했고 나중에 그것을 그렸다. 회색 부분은 황금색의 빛이고 심장은 빨강색이다.

그런 후 선택한 부분이 원하는 바로 그 방식으로 내면에서 인도를 해 주는 영적 근원이 함께해 주면서 지지해 주고 있다고 참가

5 워크숍에서 참가자들이 고른 카드들 중 작업하고 싶은 카드가 나타내는 부분이다. IFS 치료 작업에서는 이것을 타깃 부분(target part)이라고 부른다. 여기서는 클라우디아의 절망하는 부분을 의미한다.

〈p. 229 컬러 작품 참고〉

자들이 상상해 보도록 한다. 각자가 자신의 선택한 부분과 이런 방식으로 조우하고 나서 워크숍 내의 많은 이는 그들의 내면 작업이 완결되었다고 느꼈다. 그러나 몇몇은 그렇지 않았다. 나는 전체 워크숍 참가자들을 대상으로 한 대집단 심상 안내 작업이 끝난 후 소집단으로 나누어 경험한 것을 나누도록 한다. 보통 안내 명상을 따라가는 중에 도움이 필요한 또 다른 부분이 나타나게 되면, 이러한 소집단에서의 나눔을 통해 참가자들이 더 필요로 하는 것이 있는지 발견할 수 있게 된다. 이러한 이유로 나는 워크숍 중에 추가적인 개인 작업을 위한 시간을 만든다. 클라우디아의 경우가 그랬다.

클라우디아는 대집단 심상 안내 작업 중 경험한 것과 소집단에서 나누면서 자신이 알아차린 것에 대해 다음과 같이 기술했다.

> 짐을 덜어 주러 천사가 찾아왔다. 그것이 좋게 느껴졌지만, 완결된 느낌은 아니었다. 심장에 아픔이 느껴졌고, 이후 소집단에서 대화를 나누다 보니 이것이 내 어머니가 겪었던 전쟁의 트라우마와 그녀의 몸에 끝없이 아로새겨졌던 강렬한 고통에 대한 것이라는 자각을 하게 되었다.

좀 더 숙고한 후, 클라우디아는 다음과 같은 통찰을 얻었다.

> 그것은 내 어머니가 나에게 물려준 일종의, '에너지 형태의 전쟁 트라우마'였다. 이것을 명명할 수 없었던 어린 시절, 이 감정적 상처를 정확하게 묘사할 수 있는 지적이고 정서적인 성숙함이 내겐 부족했다. 내가 밤낮으로 내 어머니의 미처 해결되지 않은 전쟁 트라우마를 느꼈었다는 것을 이제야 이해한다. 이 에너지 때문에 나는 어머니가 항상 무서웠다. 그것은 이름도 모른 채 끊임없이 내게 존재하던 거대하고 고통스러운 힘이었다. 어머니가 경험했던 다른 초기 트라우마와 마찬가지로 그것은 시작과 끝이 있는 경험이 아니었다. 어머니의 존재는 내게 숨 막힐 듯한 에너지 형태의 트라우마를 남겨 주었다. 그 에너지는 내게 밤낮으로 어린 시절 내내 엄청난 부담이었다. 어린 시절 아이였던 나는 어머니가 그 무거운 고통을 깨고 행복할 수 있게 만들려 애썼다. '어머니가 웃게 만들어 나를 정말로 볼 수 있도록, 그래서 나를 데

려가서 사랑할 수 있도록' 하는 것에 나는 완전히 집중해 있었다. 그러느라 내 생생한 욕구는 완전히 차단시켜야만 했다. 그러나 이러한 아이 같은 의도는 성공으로 이어지지 못했다. 어머니는 나를 열린 마음으로 대할 수 없었고 내가 무한히 갈망했던 부드러운 사랑을 내게 줄 수 없었다.

그래서 클라우디아는 전체 참가자를 대상으로 한 대집단 작업 과정을 하면서 내면에 천사가 현존한 가운데 많은 절망을 방출해낼 수 있었지만, 이 고통스러운 짐을 짊어지고 있는 어린아이 부분이 있었기 때문에 모든 것을 다 내보낼 수는 없었다. 그녀는 그 고통을 가슴의 무거움으로 경험했고, 이제는 이것이 어머니가 자신에게 물려준 전쟁 트라우마임을 알 수 있었다. 이 무거움과 고통은 단순히 천사라는 영적 존재와 통하는 것만으로는 방출될 수 없었다. 이럴 때가 바로 IFS 치료가 필수적일 때이다. 부분이 힘든 짐을 짊어지고 있을 때 내면 체계는 그 짐으로 인해 고통을 겪게 된다. 이럴 때 특히 IFS 치료가 이 고통을 해결하는 데 큰 도움이 된다. 클라우디아는 자신의 고통과 무거운 느낌에 대해 도움을 요청했고, 이에 대해 나는 전체 워크숍의 참가자들이 보는 가운데 그녀의 개인 회기를 시연하면서 치료 작업을 진행했다.

개인 회기를 시작한 후 나는 그녀에게 주의를 가슴의 무거운 느낌으로 돌려 그 부분의 색깔과 형태를 알아차려 봐 달라고 말했다. 이 부분이 명료해지기 시작하면서 클라우디아는 그 무거움 속에 담겨 있는 고통과 절망감을 알아차렸다. 이 유독한 전쟁 에너지를 가진 어머니가 있는 가정 내에서 완전히 압도당한 어린 소녀의 모습이 점차 선명해졌다. 클라우디아는 나와의 작업에서 이 단계를 어떻게 경험했는지에 대해 다음과 같이 이야기해 주었다.

> 그것은 그 상처받은 아이의 더 깊은 부분 같은 것이었다. 깊은 절망감이었다. 이 부분의 처음 모습은 필사적으로 비명을 지르는 어린 나였다. 보이는 것은 단지 몸의 검은 윤곽선뿐이었는데, 커다란 붉은 눈물 방울 가운데에 빨간 절규하는 입이 있었고 그것은 절망과 엄청난 슬픔, 그리고 고통을 나타내고 있었다.
>
> 처음에는 그 아이와 연결이 되지 않았다. 하지만 시간이 지나면서 조금씩 아이와 연결되어 갔다. 그러다 아이와 마침내 연결되었을 때, 그 감정이 나를 압도했다. 나는 고통 속에서 몹시 흐느꼈고 비명을 질렀으며 울음이 터져 나왔다.

클라우디아는 그 어린 소녀 부분의 극심한 절망감으로 인해 걷잡을 수 없이 울고, 소리치고, 흐느끼기 시작했다. 그 시점에서 그녀는 그 어린 소녀와 감정적으로 완전히 섞여 있는 상태였다. 나는 그녀가 자신의 참자기와 다시 연결될 수 있도록 부드럽게 돕기 시작했다. 나는 클라우디아가 그 어린 소녀의 감정을 느끼고 있고 절망감을 이해하고 있다는 것에 대해 그녀가 소녀에게 알려 주도록 했다. 그리고 나서 나는 소녀가 클라우디아를 그렇게 많은 감정으로 압도하지 않고 다만 어떻게 느꼈는지에 대해 이해할 수 있을 정도로만 클라우디아에게 알려 줄 수 있다면, 클라우디아가 소녀를 더 도울 수 있을 것이라는 것을 그 어린 소녀에게 알려 주도록 했다.[6] 압도하던 감정이 줄어들자 점차 클라우디아는 조용해졌고, 그녀는 더 차분한 상태에서 그 어린 소녀를 볼 수 있었다. 나는 그녀가 열린 마음의 참자기 상태에 있다는 것을 느꼈다. 치료과정의 이 단계에서 내담자의 참자기/열린 마음이 전경에 나타나고 극단적인 트라우마를 다루게 될 때, 나는 종종 내담자를 그들의 영적 근원과 연결되게끔 돕는다. 만약 그 부분이 정말로 명확해지기 이전에 그러한 영적 근원과의 연결 작업이 너무 일찍 이루어진다면, 앞서 클라우디아에게 일어났던 것과 같은 일이 생길 수 있다. 클라우디아는 약간의 안도감을 느꼈지만 그것이 완전한 치유는 아니었다.

나는 클라우디아가 이전에 했던 작업에서 나타났던 황금색 액체의 빛이 생각나서, 그녀에게 그 빛과 연결해 보라고 했다. 빛과 연결하면서 클라우디아는 그 어린 소녀를 더 차분히 사랑할 수 있었다. 그녀는 그 소녀가 원하는 대로 트라우마 기억 속에서 소녀와 함께할 수 있다고 느꼈다.

클라우디아는 다음과 같이 그때의 경험을 회상했다.

> 나는 그 어린 소녀의 손을 잡았다. 나는 소녀와 나의 손에 위대하고 신성한 심장으로부터 나오는 치유의 황금색 빛을 부어 주었

---

6 소녀 부분의 고통스러운 감정이 압도하면 클라우디아가 참자기 상태에서 소녀와 관계를 맺을 수 없으므로, 소녀 부분에게 압도하지 않아 줄 수 있는지 요청하여 부분이 스스로 조율할지 여부를 선택하게 하는 것이다. 내담자가 압도되어 과각성이나 저각성 상태가 되지 않게끔 인내의 창(Window of Tolerance) 안에서 작업을 하도록 조절하는 타 트라우마 치료기법과는 달리, IFS 치료에서는 압도하고 나타나는 부분도 환영하며, 다만 조율의 필요성을 알려 주고 희망을 제시하여 부분이 스스로 조율 여부를 선택하게 한다.

다. 나는 신성한 존재이며, 천사다. 나는 소녀와 나의, 맞잡아 연결된 우리의 손에 치유의 황금색 빛을 부어 주었다. 그 아이와 내 신성하고 열린 마음의 참자기 사이의 이 물리적 연결에는 몹시 강력한 치유적인 느낌이 있다. 나는 서로 손이 연결되어 있음을 알아차리고 있으며, 이제부터 우리는 손을 맞잡고 함께할 것이다. 소녀가 내 무릎 위로 왔다. 소녀는 따뜻함과 부드러움을 즐기고 있다. 나는 그걸 느끼곤 소녀에게, "너는 선물이야. 너는 경이로워!"라고 말해 주었다.

이때 클라우디아는 깊은 치유의 힘을 가진 참자기/열린 마음의 에너지와 분명히 함께하고 있었고, 그 참자기 에너지는 황금색의 빛이라는 신성한 근원과 강하게 연결되어 있었다. 나는 클라우디아에게 어린 소녀가 그 시간[7]에 머물 필요가 없고, 그때 갖게 된 짐의 일부를 버리는 것이 가능하다는 것을 알려 주도록 했다. 훗날 클라우디아는 자신의 경험을 다음과 같이 기술했다.

나는 짐을 엄마에게 넘겨 주는 작업을 톰과 함께했고, 그 짐을 엄마에게 돌려주었다. "더 이상 네가 짐을 짊어지지 않아도 돼." 이 말이 큰 안도감을 주었고, 짐을 내려놓게 해 주었다. 카드 속의 아이들처럼 가볍고, 행복하고, 살아 있으며, '삶의 환희'로 가득 찬 것 같은 느낌이었다. 나는 정말 행복했다. 천사의 참자기 에너지로 손을 맞잡은 아이의 이 이미지는 그 후로도 여러 날 동안 나와 함께했다.

7 트라우마를 경험한 과거의 그 시간.

〈p. 229 컬러 작품 참고〉

클라우디아는 그 경험 후 이와 같이 그림을 그렸다. 그림 속의 천사는 그녀의 영적 자원이었고, 빨간색으로 그려진 심장은 클라우디아의 심장을 통해 들어온 황금빛의 근원을 상징하며 영적 근원과 연결되어 있었다.

그림 속 어린 소녀 위에 적혀 있는 독일어 문장의 의미는 "당신은 선물입니다."이다. 이 말을 들으며 어린 소녀는 처음으로 세상에 온 것을 환영받는 느낌을 받았는데, 그것은 어머니가 자신의 트라우마 때문에 그간 줄 수 없었던 것이었다. 소녀는 클라우디아가 "지금 여기의 땅"이라고 적어 놓은 두 개의 금색 선 위에 서 있다. 이것은 클라우디아의 불교적 관점에서 나온 것이다. 이 선들 아래에는 '생명의 기쁨' '삶의 환희'라는 단어가 있는데, 이는 소녀가 짐을 내려놓은 후 그녀에게 흘러들어 온 감정을 묘사한 구절이다. 종종 짐이 사라진 후에는 짐이 차지하고 있던 공간이 새로운 특성에 의해 채워지기도 한다. 그녀의 경우, 새로운 특성이 자발적으로 나타났다.

그리하여 클라우디아의 어린 소녀는 어머니를 행복하게 해 주어야 하는 짐과 어머니가 자신에게도 전수한 전쟁의 고통을 짊어져야 하는 짐을 덜어 낼 수 있었다. 그 소녀는 자신의 존재가 드러나고, 소중히 여겨지며, 사랑받고, 연결되기를 깊이 바라고 있었고, 그 바람은 중심 잡힌 참자기/열린 마음의 상태이던 클라우디아와의 만남을 통해 실현되었다. 황금색 액체 같은 빛의 이미지는 그림에서 회색으로 표현되었는데 천사와 함께 거대한 사랑의 존

사진 속 가장 상단에 보이는 큰 하트는 3장에서 설명한 첫 번째 회기의 것으로 클라우디아가 경험한 황금빛 치유 에너지를 상징한다. 그 아래는 최근 치유 작업을 한, 소녀 부분과 연결되어 있는 천사의 그림이다. 그 천사 그림의 한쪽 구석에는 그녀의 불교 스승인 틱낫한의 사진이 있다. 그 아래는 아기, 유아, 취학 적령기에 접어든 여러 연령대의 자신의 사진이다. 이는 클라우디아가 자신의 아이 부분들을 기억할 수 있도록 도와준다. 이곳은 클라우디아가 자애심을 갖고 그 부분들을 기억할 수 있는 장소다. 제단에 올려져 있는 흰옷을 입은 인형은 3장에서 나온 자신의 작업 속 어린 소녀이다. 〈p. 229 컬러 작품 참고〉

재를 상징했으며 어린 소녀와 함께하고 있었다.

그녀의 치유 작업이 끝나 갈 무렵, 나는 클라우디아가 이날 작업한 것을 갖고 일상에서 이 부분 및 그녀의 치유 자원들과 계속 연결될 수 있게 도와주고 싶었다. 나는 클라우디아가 집으로 돌아간 뒤 어떻게 하면 계속 연결될 수 있을지 물어보았다. 클라우디아는 이날의 회기에서 나타난 이미지들을 집에 돌아간 후 자신이 만들어놓은 제단에 함께 올려 놓는 것에 대한 아이디어를 떠올렸다.

나는 보통 이런 종류의 치유 회기가 끝날 때 내담자들에게 그간 해 온 작업과 연결을 유지하기 위해 일상생활 속에서도 무엇을 더 할 수 있을지를 생각해 보게 한다. 클라우디아의 제단은 그 작업을 위한 방법의 좋은 예다. 이 제단은 그녀가 집 안에서 정기적으로 명상을 하는 곳에 있으므로, 클라우디아는 매일의 수행 루틴에 최근에 진행한 IFS 회기를 포함시켜 계속 연습하고 기억할 수 있도록 새로운 차원으로 만들었다. 클라우디아는 나와의 회기가 끝난 후 몇 달이 지난 후 다음과 같이 이야기해 주었다.

> 나는 이제 매일 제단 앞에 앉아 내게 연결되었던 손들의 치유 에너지와 재연결하는 수행을 한다. 참자기 에너지와 연결되면 강력한 에너지가 존재한다. 나는 이 치유적인 참자기 에너지와 연결되는 시간을 늘리기 위해 매일 수행한다.

이번의 내면 작업에서 무엇이 가장 치유적이었는지 돌아볼 때, 아이 부분이 너무나 큰 고통을 안고 있다는 것을 명확히 한 후 그 아이 부분이 참자기/열린 마음 및 영적 근원과 연결되어 함께했던 것이라고 느낀다. 클라우디아는 이번 작업에서의 중요했던 순간이, 이전 작업에서 이미 존재했었던 황금색 액체 빛과의 연결을 기억해 낼 수 있도록 내가 도와준 때였다고 말했다. 클라우디아가 그 빛과 재연결되자, 그녀 안에서 자연스럽고 순탄하게 치유 과정이 일어났다.

이것은 많은 영적 수행이 결국 이미 우리 안에 존재한다는 것을 알고 있으면서도 잊고 지내 온 그 무엇과 다시 연결되려는, '기억해 내기'의 과정이라는 것을 일깨워 준다. 나의 경험에 의하면 IFS 치료 과정을 할 때 영적 근원과의 연결을 시도하기 전에, 그것에 반응하는 어떤 다른 부분들이 있지 않은지 명료화하는 것이 중요하다. 그 작업은 반응하는 부분들에 의해 막혀 있던 것을 풀어내고 참자기/열린 마음이 전경으로 나올 수 있도록 한다. 부분들과의 이 작업은 필수적이며, 그렇지 않으면 반응하는 부분이 막아서게 되면서 영적 자원이 추방된 부분에 도달하는 것이 막혀 버리게 된다. 그러나 일단 참자기/열린 마음 상태가 되면 영적 에너지는 그 부분을 향해 자유롭게 흘러갈 수 있고 깊은 치유가 일어날 수 있게 된다. 이 방식으로 IFS 치료와 영적 연결이 서로를 상호 지지하게 되는 것이다.

클라우디아는 무엇이 가장 치유적이었는지에 대해 다음과 같이 이야기하고 있다.

1. 황금빛 심장에서 나온 액체 황금을 어린 소녀의 손과 내 손에 붓는 이미지. **그 이미지가 바로 치유의 본질이었다.**
2. 치유 회기를 하는 동안 너무나 강하게 느꼈던 치료사 톰과의 유대감.

연결감이 바로 치유였다. 심지어 2년 반 동안 서로 보지 못했는데도 유대감이 남아 있던 것을 경험했다.

3. 연결, 치유 과정, 전체 집단, 그리고 참가자들이 각자 일관되게 자애로운 모습으로 성장과 치유가 일어나도록 지켜보며 전체 장 안에서 함께해 준 것에 대해 감사한다.

그 당시, **치유자를 위한 치유** 워크숍의 전체 참가자가 함께해 준 것에 나는 감사함을 느꼈는데, 각자의 참자기/열린 마음이 만들어 내는 에너지가 짧은 시간 동안 많은 일이 일어날 수 있도록 도와주었다. 또한 클라우디아의 작업은 전쟁 트라우마의 짐이 세대를 통해 전수되는 방식을 잘 보여 준다. IFS 치료는 아이 부분이 때로는 인생 전반에 걸쳐 계속 짊어지고 온 짐을 내려놓게 하는 강력한 방법이다. 과거의 전쟁으로 인한 짐을 짊어진 사람들뿐만 아니라, 현재 우크라이나 전쟁과 다른 많은 최근 전쟁으로 인해 이러한 새로운 짐을 짊어진 사람들이 수천만 명 또는 심지어 수억 명에 이른다. 흥미롭게도 클라우디아는 10여 년 전 그녀를 알게 되었던 초기에, 나와 베트남 승려 및 독일 동료가 함께 이끌었던 워크숍에 참석했었는데 그 워크숍은 전쟁의 상처를 치유하는 것에 초점이 맞춰져 있었다. 틱낫한 수련 센터에서 열렸던 그 워크숍에 그녀는 독일, 베트남, 미국 참가자들과 함께 참석했었다. 그때부터 시작된 치유를 많은 세월이 흐른 후, 우리가 더 깊게 할 수 있었다는 것에 나는 감사한다.

이너 액티브 카드를 사용하여 부분들과 자원 탐색하기

카드 실습은 소집단 내에서 나눔을 시작하고 참가자들이 자신들의 부분에 대한 작업을 시작하도록 돕는 데 좋은 방법이다. 또한 일대일 개인 회기에서도 사용될 수 있다. 카드를 사용할 때, 치료사나 집단 내의 다른 이가 카드의 의미에 대해 말해 주는 것보다 각자 자신이 카드에 부여하는 의미가 중요하다는 것을 강조하는 것이 좋다.

카드 선택 시의 옵션

- 각자 4장 내지 6장의 카드를 고르게 한다. 또는,
- 각자 마음에 끌리는 카드를 자유롭게 고르게 한다. 또는,
- 다음 지침과 함께 각자 4~6장의 카드를 고르게 한다.
  - 삶에서 어려움을 겪고 있는 어떤 문제와 관련된 카드 1~2장 선택하기
  - 유능하고 강하다고 느끼게 될 때를 나타내는 카드 1장 선택하기
  - 영적인 또는 참자기/열린 마음의 자원을 나타내는 카드 1~2장 선택하기
- 이 실습을 할 때의 더 복잡한 방식은 실습 대상자들에게 개인적인 목표와 관련된 카드를 선택하게 하는 것이다. 그 방식은 명료화하는 데 더 긴 시간이 걸리며 참가자들이 더 많은 카드를 선택하게 될 수도 있다. 다음 중에서 골라 실습을 해 보도록 한다.
  - 현재의 내 기분을 나타내는 카드 선택하기
  - 현재의 내 목표(소망)를 나타내는 카드 선택하기
  - 그 목표(소망)를 달성하는 데 있어 내게 있는 현재의 걸림돌을 나타내는 카드 선택하기
  - 그 목표(소망)를 달성하는 데 있어 내게 있는 자원을 나타내는 카

드 선택하기

집단 작업을 위한 단계

- 참가자들을 4~6명씩 조로 나눈다.
- 각 조에게 중앙에 모든 카드의 뒷면이 보이도록 펼쳐 두게 한다.
- 앞 장에서 설명한 방법 중 하나를 사용하여, 각 참가자가 4~6장의 카드를 고르게 한다.
- 참가자들에게 자신이 선택한 카드들을 뒤집어 앞면이 보이도록 놓게 하여 고른 카드의 그림을 다른 이들이 볼 수 있게 한다. 이 방법으로 다른 사람이 이미 선택한 카드들 중에서 내가 고르고 싶은 카드가 있는지를 보고 고를 수 있다. 다른 이가 이미 고른 카드를 나도 고르고 싶을 때는 백지 카드로 대체할 수 있다. 나누기를 할 때면 백지 카드 대신 다른 이가 골라 둔 카드를 빌려 와서 그 카드로 이야기를 나누고 다시 돌려준다.
- 모든 이가 카드를 다 선택하고 나면, 주의가 분산되지 않도록 남은 카드는 다시 카드 상자 안에 넣어 놓는다.
- 카드의 의미가 무엇인지에 대해 각자 약 5분씩 돌아가며 이야기하도록 한다. 이때 얼마나 깊게 공유하느냐에 따라 시간은 달라질 수 있다. 참가자들에게 카드에 '정해진' 의미는 없다는 것을 상기시켜 주는 것이 좋다.
- 말한 이가 원한다면 전체의 질문이나 의견을 들어 볼 수도 있지만, 이야기하는 동안에 카드에 대한 해석이나 의견을 달지 않도록 한다. (치료사들에게 이것은 매우 어려울 수 있다.)

더 깊이 들어가기

나눔한 것을 가지고 내면 체계의 지도를 만들게 하거나 내면 작업에 활용할 수 있다.

더 알아보기

이너 액티브 카드 사용 방법에 대한 자세한 내용은 샤론 사전트 에크스타인의 웹사이트(http://www.inneractivecards.com/)를 참조하라.

5장

심리적 외상을 입은 추방된 부분의 치유

이 책의 출간을 준비하면서, 본서의 첫 번째 시리즈 책인 『소인격체 클리닉(Parts Work)』[1]의 그림 작가이자 전 세계적으로 많은 사람에게 각광을 받는 『IFS 치료를 위한 이너 액티브 카드(Inner Active Cards for Parts Work)』를 만든 샤론 사전트 에크스타인(Sharon Sargent Eckstein)을 방문했다. 샤론은 50년 넘게 중증 자가면역 질환을 앓고 있다. 이 질환은 만성 통증으로 인해 장애를 초래하고 수년 동안 많은 수술을 필요로 한다.

한 달 동안 유럽에서 워크숍을 마치고 막 돌아왔던 터라, 샤론과 본 도서의 레이아웃 작업을 담당한 그녀의 시누이인 제인 에크슈타인(Jane Eckstein)을 만나게 되어 나는 매우 반가웠다. 샤론은 두

1 톰 홈스의 Parts Work 시리즈 두 번째 책으로, 시리즈의 첫 번째 책은 『Parts Work: An Illustrated Guide to Your Inner Life』이다. 국내에서 이 책은 『소인격체 클리닉: 그림으로 안내하는 내면의 삶』이란 제목으로 번역되었으므로, 이 역서에서는 기존에 번역된 책 제목을 그대로 사용하여 『소인격체 클리닉』이라고 하였다.

번의 자기공명영상(MRI) 촬영이 예정되어 있었고 극심한 불안감에 휩싸여 있었다. 샤론은 어떤 부분이 불안의 근원인지 알고 있었고, 그녀가 추방해 왔다고 생각하고 있는 이 부분을 치유할 수 있게 내가 도와주기를 원했다. 이전에 이 부분에 대해 작업한 적이 있었기 때문에 나는 샤론의 부분들이 이루고 있는 내면 가족의 역동에 대해 잘 알고 있었다. [샤론은 『소인격체 클리닉』에서 조앤(Joan)이라는 가명으로 등장했다.] 다음은 샤론이 자신의 경험에 대해 들려주는 이야기이다. 그녀는 먼저 내면에서 일어나는 일들에 대한 설명에서부터 시작했다.

샤론: 저는 왼쪽 팔, 그리고 최근에는 목, 머리, 오른쪽 팔에 통증, 무감각, 저림 등의 새로운 증상이 나타나 신경외과 전문의에게 진찰을 받았습니다. 전문의 상담 후에 경추와 요추 MRI를 두 번 연속으로 촬영할 예정이었습니다. MRI 촬영을 생각만 해도 밀실공포증과 공황장애가 일어날 정도로 저는 불안한 마음이 들기 시작했습니다. 저는 부분들이 질러 대는 비명을 약물로 잠재우는 대신 이러한 반응을 일으키는 부분을 치유해야 한다는 것을 깨달았습니다. 그때 유튜브에서 타라 브랙(Tara Brach)[2]의 '불안과의 관계 변화시키기(Transforming Your Relationship with Anxiety)'라는 제목의 팟캐스트를 발견했고, 그 팟캐스트를 듣고 나서 제 안에 심각한 트라우마가 있는 부분이 추방되어 왔다는 것을 깨달았습니다. MRI 촬영은

---

2 미국 출신의 명상 교사, 심리학자이다. 마음챙김과 자기연민 등의 불교의 가르침을 서양의 심리학과 결합한 접근 방식으로, 사람들이 내면의 고통을 이해하고 치유할 수 있도록 돕고 있다(출처: 네이버 지식백과).

그 추방된 부분이 활성화되는 계기가 되었던 것입니다. 타라는 인지하기(Recognize), 인정하기(Allow), 살펴보기(Investigate), 그리고 보살피기(Nurture)라는 RAIN 방법을 사용합니다. 타라의 안내를 통해 저는 제 신체적인 몸 부분인 메이(Mae)가 이 트라우마와 고통을 안고 있고, 그로 인해 추방되어 왔다는 사실을 발견했습니다.

나의 첫 번째 책인 『소인격체 클리닉』을 읽은 사람이라면 몸에서 겪는 질병의 경험을 드러내는 샤론의 부분인 메이를 기억할 것이다. 이 부분을 추방된 상태에서 벗어나도록 하는 일이 20년 전 샤론의 초기 IFS 작업의 중심이었다. 샤론의 전투사 부분(warrior part)은 메이와는 어떤 식으로든 엮이고 싶어 하지 않았기 때문에, 메이가 인정받기 위해서는 상당한 협상과 샤론의 영적 자원인 소피아의 도움이 필요했다. 이러한 인정은 샤론이 자신의 건강 상태를 인식하고 필요한 치유와 휴식을 위한 더 많은 공간을 확보하기 위해 삶을 조정하는 데 핵심적인 역할을 했다. 20년이 지난 오늘날, 샤론은 같은 질환을 앓고 있는 대부분의 사람보다 훨씬 더 오래 살고 있지만, 이 질환은 계속해서 그녀의 몸을 괴롭혀 많은 수술과 임사체험(near-death experiences)[3]을 하게 만들었다. 메이는 이러한 경험들의 트라우마를 축적된 기억으로 가지고 있고 샤론의 부분들은 이것을 견딜 수가 없어서, 메이가 다시 추방된 것으로 보였다. 샤론은 자신의 경험을 다음과 같이 알려 주었다.

샤론: 저는 또한 저의 다른 모든 부분이 메이를 두려워한다는 것도 알게

3 죽음에 이르렀다가 다시 살아난 체험을 의미하며, 여러 영적 경험을 하기도 하는 것으로 보고되고 있다(출처: 네이버 지식백과).

되었습니다. 저는 메이가 추방에서 벗어나 사랑과 보살핌을 받을 수 있게 제 부분들이 모여 있는 곳으로 돌아와야 한다는 것을 알 수 있었습니다. 저는 이 사실을 느낄 수 있었지만, 그 과정을 올바른 방식으로 진행해 완결하기 위해서는 톰과 시누이인 제인이 그것을 목격하고 지지해 주는 것이 필요하다는 것도 알고 있었습니다.

톰 및 제인과의 IFS 치료

샤론: 오후 2시에 톰이 저희 집에 왔을 때, 제인은 이미 와 있었기 때문에 우리는 바로 IFS 치료를 시작했습니다. 제 몸을 대표하는 부분인 메이가 저의 신체적 질병뿐만 아니라 80번이 넘는 수술로 인한 끔찍한 트라우마를 겪었던 것을 저는 알고 있었습니다. 그중 가장 충격적이었던 것은 텍사스에서 9시간 동안의 양측 TMJ(턱관절) 수술을 하고서도 5일 동안이나 진통제 없이 버텨야 했던 것이었습니다. 혈전이 생겨 기관(기관지)으로 가고 있어서 코로 튜브를 넣어 혈전을 빨아내야 했기에 깨어 있어야 했습니다.

저를 담당했던 외과의사는 베트남에서 야전 외과의사로 근무한 경험이 있었고, 총탄에 맞은 군인의 얼굴을 다시 붙였던 임상 경험을 많이 갖고 있었습니다. 5일 동안 수면이 부족했던 저는 제가 마치 그런 군인이 된 것 같은 환상을 보았습니다. 얼굴은 날아갔지만 저는 여전히 살아 있었고 무성하고 축축한 풀밭에 누운 채, 사방으로 박격포 탄환이 터지고 있었습니다. 정말 현실 같았습니다. 고통은 하루 종일 지속되었지만, '잠에서 깨어나' 침대 머리맡에 놓인

클래식한 원형 탁상시계를 봤을 때는 고작 1분도 지나지 않은 상태였습니다. 또 다른 충격적인 사건은 무릎 수술을 받던 중 깨어났을 때 통증을 느꼈지만 의사에게 알리기 위해 말을 하거나 움직일 수가 없었던 일입니다. 제 얼굴은 종이로 된 덮개로 덮여 있었습니다.

메이와 함께 한 작업의 시작은 제인과 내가 샤론/메이가 겪은 고통의 이야기를 목격하는 것이었다. 샤론은 '스스로를 불쌍하게 여기'거나 자신이 겁쟁이가 되는 것을 원하지 않는 부분이 있어서 이러한 이야기를 거의 나누지 않았다. 그녀는 계속해서 더 많은 이야기를 했다.

샤론: 1984년에 성인 스틸병(Adult Stills Disease)[4] 진단을 받고 미시간대학교 병원에 한 달간 입원했던 것을 포함해 그 외에도 다른 사건들도 많았습니다. 그때 저는 지금 복용하고 있는 약들을 끊어야 했고 매일 복용해 오던 프레드니손(prednisone)[5]도 30mg 정도 줄여야 했습니다. 남편 브라이언(Brian)은 제가 입원해 있는 병원에서 차로 3시간이나 걸리는 도시 반대편에 있었기 때문에 병문안을 올 수 없었습니다. 브라이언은 매일 전화는 했지만 병원 방문은 단 한 번밖에 하지 못했습니다. 남편은 힘든 일을 하고 있었고 돌봐야 할 고양

---

4 성인 발병 스틸병(AOSD)이라고도 하며, 발열, 관절통, 연어색 특유의 울퉁불퉁한 발진의 전형적인 세 가지 증상을 특징으로 하는 희귀 전신 자가염증성 질환이다.(https://en.wikipedia.org/wiki/)

5 출처: 중등도~중증 류마티스 관절염 치료에 사용하는 부신피질호르몬제 약물이다(출처: 네이버 지식백과). 본문에서는 약도 끊고 프레드니손도 줄이게 되면서 염증반응으로 몹시 힘들었다는 의미이다.

> 이가 다섯 마리나 있었습니다. 저는 버려진 것 같은 외로움을 느꼈고, 학생 의료진의 찌르고 조사하는 수많은 검사 과정에서 여러 번 고문과 학대를 당하는 느낌이었습니다. 미시간대학교 병원이 있는 앤 아버(Ann Arbor)에서의 그 체류가 결국 제 생명을 구해 줬기 때문에, 저는 그 병원에서 경험했던 모든 트라우마를 억누르고 그냥 웃어넘길 수밖에 없었습니다.

샤론의 여정을 함께한 우리들에게 있어 성인기 대부분을 고통에 대처하면서 보내 온 그녀의 능력은 경이로움 그 자체였다. 건강이 악화되면서 샤론은 계속해서 그에 대한 대처 방법을 찾았는데, 최근 몇 년 동안은 페마 초드론(Pema Chödrön)[6]의 가르침이 중요한 역할을 했다. 샤론은 2016년에 발을 수술한 후 회복 과정에서 페마 초드론의 온라인 불교 강좌를 5주간 수강했다. 그리고 샤론은 페마의 저서 중 가장 주목할 만한 책인『모든 것이 산산이 무너질 때(When Things Fall Apart)』[7]를 읽었다. 그러나 때때로 이러한 중요한 대처 방식들조차도 고통을 지닌 부분들을 추방하는 데 일조할 수 있다. 최근 몇 년 동안 쌓여 가던 고통과 트라우마는 샤론의 체계가 감당할 수 있는 수준을 넘어섰기 때문에 메이는 다시 추방되었다. 이 회기가 진행되던 당시 메이는 자신의 모습을 보여 주고 들려주고 싶은 욕구가 매우 컸던 것이 분명했다. 샤론은 우

---

6 금강승 수행을 완성한 최초의 미국인이자 마음 전문가로 세계에서 가장 영향력 있는 영적 지도자로 사랑받는 티베트불교 비구니.

7 이 책은 국내에서 구승준에 의해『모든 것이 산산이 무너질 때—희망과 두려움을 걷어내고 삶의 맨얼굴과 직면하는 22가지 지혜』라는 제목으로 한문화출판사에서 번역, 출판되었다.

리의 지지를 받으며 메이에게 돌아가서 그 부분의 이야기를 들을 준비가 된 것 같았다.

샤론: 톰은 저에게 메이와 연결해서 그 부분의 기분이 어떤지 물어보라고 했습니다. 메이는 만성적인 고통과 불확실한 미래, 그리고 특히나 또다시 버려지는 것에 대해 대처할 수 없는 지경에 이르렀다고 말했습니다.

이 시점에서 나는 샤론에게 통증에 색깔이나 형태가 있는지 물었다. 나는 종종 내담자가 극심한 신체적 상태에 있을 때 이 질문을 하는데, 그렇게 함으로써 부분이 형태를 취할 때 내담자는 그 부분과 약간의 분리를 해낼 수 있기 때문이다. 또한 나는 샤론에게 위험이 다가오고 있음을 알려 주기 위해 메이가 그 고통의 기억들을 간직하고 있었던 것 같다고 말해 주었다. 그러나 나는 위험을 경고하기 위해 실제 고통의 기억들을 계속 간직하고 있을 필요는 없으며, 원한다면 이런 고통의 기억들을 떠나 보내는 것이 가능하다는 것을 메이에게 알려 주자고 샤론에게 제안했다. 이렇게 하는 것은 내면 작업의 다음 단계를 위해 씨앗을 심는 것이다. 부분들의 형태를 살펴보라는 제안은 유용했고 작업은 계속되었다.

샤론: 메이는 등, 엉덩이, 다리, 발목, 그리고 목에 칼이 꽂혀 있는 것처럼 느꼈고, 그녀의 도와 달라는 외침을 아무도 듣지 못했다고 했습니다.

이제 고통이 형태를 취했으니 샤론이 고통의 기억에서 벗어나는 방향으로 나아갈 수 있을 것 같았다. 또한 샤론에게 영적 인도자가 여럿 있다는 것을 이미 알고 있었기 때문에 나는 그중 한 명을 초대하여 그 과정을 돕게 하고 싶은지 그녀에게 물어보았다.

샤론: 톰이 저에게 영적 인도자를 초대해서 메이를 도와주고 싶은지 물었습니다. 이너 액티브 카드 가운데 제가 루나(Luna)라고 부르는 아메리카 원주민 여자가 나타났습니다. 루나는 메이의 몸에서 칼을 빼내고 상처를 치료해 주었습니다.

이 작업은 시간이 조금 걸렸지만 영적 인도자인 루나가 나타나자 매우 자연스럽게 이루어졌다. 나는 칼이 제거되고 난 후 어떤 일이 더 일어나야 하느냐고 물어보았는데, 메이의 상처가 치유되었다.

샤론: 그런 다음 루나가 칼을 집어 들어 그 위에 달빛을 비추었고, 그것들을 황금 조각으로 변하게 했습니다. 저는 톰에게 그 황금 조각으로 뭘 해야 할지 모르겠다고 말했습니다. 그러자 톰은 그 조각들이 금가루로 바뀔 수 있다고 제안했습니다.

그 조각들이 금으로 되어 있었기 때문에 나는 그것이 이러한 치유 회기에서 자주 나타나는 황금색 빛으로 변할 수 있다는 느낌이 들었다.

샤론: 톰이 이 말을 하자마자 톰과의 치료 회기에서 자주 경험했던 황금

색 빛의 흐름이 금가루를 흡수하며 빠르게 나타났습니다. 그것은 강력하고 아름다웠고 메이 주위를 빙빙 돌면서 그녀를 추방된 곳에서 끌어올려 저의 부분들이 모여 있는 곳으로 옮겨 놓았습니다. 모든 부분이 메이가 돌아온 것을 환영해 주었고, 저의 전투사 부분도 메이의 귀환을 환영했습니다. 그리고 트라우마와 불안의 짐이 제 몸에서 벗어나는 것을 느낄 수 있었습니다.

이 모든 일은 황금색 빛이 존재할 때 종종 그렇듯이 빠르게 일어났다. 샤론은 이 작업에 익숙했기 때문에 메이를 추방된 곳에서 자신의 부분들이 있는 곳으로 데리고 나오는 작업을 혼자서 할 수 있었다.

샤론: 다음 날 브라이언이 저를 차에 태워 숲속으로 드라이브를 갔습니다. 단풍, 특히 히코리(hickory) 나무가 금색으로 빛나고 있었습니다. 한 지점에서 브라이언은 토지 소유 말뚝을 확인하러 숲속으로 들어갔고, 저는 차에 홀로 남아 숲과 교감을 나눌 수 있었습니다. 숲은 저에게 메이가 더 이상 제 의식과 분리되어 있지 않다고 말해 주었고, 저는 제가 숲의 일부임을 온전히 느낄 수 있었습니다. 숲이 정말 따뜻하게 위로를 해 주는 것을 느꼈습니다. 메이와 저는 모든 창조물, 무한한 상가(Sanga)[8]로부터 지지와 사랑을 받고 있고, 앞으로 해야 할 두어 차례의 MRI 촬영에서도 불안이나 두려움 없이 완전히 편안해질 수 있을 것 같다고 느꼈습니다.

---

8 산스크리트어로 공동체를 뜻한다.

때때로 끔찍한 트라우마를 겪은 사람들은 치유되고 온전해지면서 신비로운 상태에 깊이 빠지게 되기도 한다. 아마도 우리의 일상을 가득 채우는 사소한 걱정거리들이 고통에 의해 모두 불타 사라지고, 그 고통마저 넓고 열린 마음의 공간 속으로 스며들기 때

〈p. 230 컬러 작품 참고〉

문일 것이다. 나에게 있어, 황금색 빛은 깊은 일체감과 연결감의 표현이다. 이 작업은 치유 여정의 어느 한 지점에서 추방된 부분을 데리고 나왔다 할지라도 새로운 조건으로 인해 다시 추방될 수 있음을 상기시켜 준다. 내면 작업은 끝나는 것이 아니라 끊임없이 진화해 가는 과정이다.

개인적인 메모

나는 이 자리를 빌려, 우리 대부분이 압도될 만큼의 큰 고통에 직면해 있는 샤론의 용기와 창의력에 대해 정말 감사하다는 말을 전하고 싶다. 퇴행성 질환, 기형 및 기타 수반되는 혈관 문제에 직면해 있으면서도 그녀는『소인격체 클리닉』도서의 삽화를 그렸을 뿐만 아니라 전 세계 많은 사람에게 치유를 가져다준 **이너 액티브 카드**도 만들었다. 또한 그녀는 최근에 소설도 완성했다. 손이 불편해 그림 그리는 것이 너무 어려웠던 샤론은 창의적인 수단이 필요했다. 그래서 그녀는 젠 스타일[9]로 그림 그리는 법을 개발했고, 제인의 포토샵 기술을 통해 삽화에 생동감을 불어넣을 수 있게 되었다. 샤론의 소설이 출판되면 내 웹 사이트에서 링크를 찾을 수 있을 것이다.

또한 샤론의 남편인 브라이언은 든든한 동반자로서 코로나 시기를 포함해 샤론이 겪는 신체적 건강상의 어려움을 계속 함께 극복해 왔다. 나는 내 아내 로리(Lauri)가 내 일을 돕는 데 있어 얼마나 중요

9 불교 용어인 zen(선禪)에서 나온 용어로, 단순하고 실용적이며 간결한 디자인을 말한다(출처: 네이버 지식백과).

한 역할을 해 왔는지 잘 알고 있기에, 샤론이 가진 재능을 세상에 펼칠 수 있도록 그녀를 지지해 준 브라이언에 대해 감사한다.

후기

샤론의 MRI 촬영은 순조롭게 진행되었다. 그녀는 자신의 부분들, 친구들, 그리고 특히 숲으로부터 평온함과 지지를 받았다고 말한다. 샤론은 처방받은 아티반(Ativan)[10]을 복용했지만, 불필요한 약이라고 느꼈고 복용 후에 오히려 혼란스러움을 느껴서 먹은 것을 후회했다. MRI 촬영 이틀 후, 그녀는 환각제 복용 후 뇌 활동을 추적하기 위해 MRI를 촬영하는 환자들을 다룬 PBS 방송의 노바(Nova) 에피소드[11]를 보면서도 평온한 상태를 유지할 수 있었다.

샤론: 톰과 IFS 치료를 하기 전에는 MRI를 찍는 사람을 보기만 해도 공황 반응이 일어났지만, 이제는 제가 폐쇄형 MRI 스캐너에 들어가는 것을 상상해도 두려움 없이 침착함을 유지할 수 있습니다. 새로운 관점에서 볼 때 그것은 좋은 연습이었습니다. 분명히 변화가 일어났습니다.

10 벤조다이아제핀 계열의 신경안정제.

11 1974년부터 매사추세츠주 보스턴에서 제작, PBS를 통해 방송되어 온 미국의 인기 과학 텔레비전 프로그램.

6장

전쟁 트라우마 치유의 확장된 여정

이 책에 실린 대부분의 장은 영성이 IFS 치료 과정을 어떤 방식으로 돕는지에 대해 설명하는 단일 치료 회기를 기반으로 한다. 그러한 경험을 한 내담자들은 특별한 치유의 순간들을 묘사하곤 한다. 채디의 여정을 통해, 나는 이러한 특별한 순간들이 발생하더라도 그것이 작업의 마지막을 의미하는 것은 아니라는 것을 보여 주고 싶다. 짐을 완전히 내려놓기 위해서는 종종 치유 작업을 일정 기간 동안 계속하는 것이 필요하다. 이 장에서는 초기 내면 작업 이후 여러 회기에서 치유가 계속 이어 전개되었던, 보다 확장된 이야기를 하려고 한다. 정기적으로 치료사를 만나 작업을 하는 경우, 이런 모습이 보다 더 전형적으로 나타난다.

지난 5년 동안 나는 시리아와 이라크의 전쟁 난민들과 함께 일하는 정신건강전문가들을 돕기 위해 중동에서 **치유자를 위한 치유** 워크숍 작업을 해 왔다. 중동에서 내가 함께 일할 수 있었던 특별한 이들 중 한 명은 레바논 출신의 심리학자인 채디 라흐메(Chady

Rahme)이다. 그는 지난 몇 년간, 삶에서 중요한 일들이 연이어 벌어지는 가운데에서도 꾸준히 IFS 치료를 받을 수 있었다. 그의 치유 여정은 시간이 지남에 따라 치료 작업이 어떻게 전개되는지를 보여 준다. 그와 진행한 치료 회기 기록이 내게 없었으므로 나는 그에게 기억나는 대로 치유 여정을 말해 줄 수 있는지 물어보았다. 채디의 여정은 영성이 작용하는 역할과 그 치유 여정이 계속됨에 따라 어떻게 치료 과정이 전개되는지에 대한 좋은 예를 보여 준다.

채디의 치유 여정은 일인칭 시점으로 기술되었다. 그는 자신의 경험이 어떤 맥락에서 일어났는지를 나누고자 공을 들였다. 모든 내면 작업은 그 사람의 삶을 형성한 사회적 · 환경적 맥락에서 발생한다. 또한 그 맥락은 치유 과정이 시작된 후에도 작업이 어떻게 전개될지에 대해 계속해 영향을 미칠것이라는 것을 기억하는 것이 중요하다. 채디의 이야기는 다음과 같다.

배경: 나는 1958년 이래로 내부적으로나 외부적으로나 폭력적인 갈등으로 고통을 받아 온 나라인 레바논에서 태어났다. 내가 태어나기 1년 전인 1975년에 내전이 시작되었다. 그 이후로 레바논은 시리아 군대와 갈등을 빚는 일부 종파 집단들 및 이스라엘 군대와 싸우는 다른 종파 집단 사이의 충돌뿐만 아니라, 또 다른 종파 집단들 사이의 폭력적인 충돌로도 고통을 받았다. 시리아 군대는 1990년부터 2005년까지 레바논을 점령했다. 시리아가 점령하는 동안 충돌과 전쟁은 없었지만 갈등은 여전히 남아 있었다. 레바논은 2005년에 시리아 점령으로부터 '해방'되었다. 그러나 그 이후 정치적, 사회

적, 그리고 경제적인 불안정의 순환을 초래하는 많은 정치적인 갈등이 또다시 불거졌다.

기독교 집안에서 자라나면서, 나는 내 나이에 비해 정치에 대한 인식이 매우 빨랐다. 나는 항상 가족, 지역 사회, 종교 단체, 국가적 수준에서뿐만 아니라 개인적인 차원에서도 지역 평화를 정착시키는 데 도움이 되는 방법들을 꿈꿨다. 그런 답답한 상황 속에서 가족 간 갈등이 얼마나 심했을지는 상상하실 수 있을 것이다. 나는 이 생각, 저 생각으로 잠을 잘 수 없었던 15살의 어느 날 밤, 엄청난 희망을 느끼곤 침대에서 나와 어머니와 누나에게 가서 "저는 제가 무엇을 하고 싶은지 알아요, 치료사가 되어 사람들이 치유할 수 있도록 돕고 싶어요."라고 말했다.

톰 홈스를 만났을 때 나는 정신건강전문가로서 15년 이상 일해왔던 상황이었다. 내가 나누려는 치유 이야기는, 내 개인적인 치유 여정뿐만 아니라 전문가로서도 가장 중요한 전환점들을 담고 있다.

톰과의 첫 번째 회기에서 나는 나의 미루는 부분을 작업할 목표 부분으로 선택했다. 그 부분은 항상 마지막 순간까지 일을 미뤘고, 전반적으로 체계를 무시하고 등한히 하면서 개인용 컴퓨터 앞에 앉아서 "아니…… 지금은 아니야."라고 하면서 그저 아무것도 하지 않는 등의 태만한 모습을 보였다. 비난하는 부분은 이 부분을 비난하면서, "이제 너는 화를 낼 거고, 용(龍) 같은 부분이 나타나서 네 아들들과 아내에게 일을 끝내야 한다고 조용히 하라고 소리칠 거

> 야……. 너는 일을 시작해야 해."라고 말했다. IFS 치료를 소개받은 이후로 나는 내면의 비난하는 부분에 대해 알아 갈 시간을 가져왔다. 참자기 상태에서 부분들이 이완될 수 있도록 집단 연습을 해 왔기 때문에, 비난하는 부분은 비교적 쉽게 긴장을 내려놓을 수 있었다. 비난하는 부분은 내가 나의 미루는 부분에 대해 작업할 거라는 것에 대해 신뢰하고는 있었지만 가능한 한 빨리 작업하길 원했다.
>
> 미루는 부분은 모든 것이 쓸모없거나 의미가 없다며 전체 체계를 신뢰하지 않는다고 내게 말하고 있었다. 그러고 난 후 이 미루는 부분은 내게 슬픔과 체념이 뒤섞인 절망감과 무력감을 보여 주었다……. 톰은 자신의 모습을 보여 줄 수 있냐고 미루는 부분에게 물어보았다. 나는 지하실, 정확히 말하면 지하실이 아니라 건물 안에 있는 폭격이 일어났을 때 숨곤 했던 곳에서 어린 소년을 보고 있었다. 그 아이는 7~8살 정도였고, 공포와 절망, 무력감이 뒤섞인 감정을 경험하고 있었다. 톰은 내게 그 아이를 볼 수 있는지, 그리고 그 아이가 그 아이 안의 어디에서 무력감을 느끼고 있는지 물어보았다. 나는 아이의 목구멍 속에 검은 물체가 있는 것을 볼 수 있었다. 여기서 톰은 내게 아이와 함께할 영적인 근원을 불러내고 싶은지 물어보았다. 아이에게 있어 성모 마리아가 각별한 존재였으므로 나는 성모 마리아님을 불렀다.

나는 이 글을 읽으면서 그의 내면 작업을 돕기 위해 영적 자원을 초대한 것이 좀 시기적으로 빨랐다는 것을 알아차릴 수 있었다. 회기를 되돌아보자면 추방되어 있는 어린 소년과 연결하는 데

까지 꽤 오랜 시간이 걸렸었다. 나는 회기의 남은 시간이 한정되어 있다는 것과, 영적인 근원이 추방된 부분들과의 작업을 더 빨리 진행하는 데에 도움이 될 수 있다고 느끼고 있었다. 게다가 나는 채디가 영적인 삶에 깊이 연결되어 있다는 것도 알고 있었다.

> 성모 마리아께서 나타나셨을 때 성모님께서는 아이가 있었던 복도 지하실에 있었고 둥그렇게 퍼져 나오는 공 모양의 빛 안에서 아이를 안고 계셨다. 아이는 성모 마리아님의 품 안에서 편안하게 쉬고 있었다. 금세 아이는 목 안의 어두운 물체 또는 연기를 내보냈고, 그 대신 성모님의 빛을 받아들이고 있었다. 회기가 끝날 때쯤 나는 내가 편안해지는 것을 느꼈고 성모님과의 관계를 어느 정도 회복할 수 있어서 기뻤다. 하지만 마음 안에서 다른 여러 부분이 나타나고 있는 것도 사실이었다. 그렇게 쉽게 해결되는 것일까? 그건 어쨌든 시연일 뿐이었어. 시연에서의 과정을 쉽게 진행시키려고 뭔가 가짜로 너는 그런 척했을 거야. 이제 네 안의 미루는 부분이 멈출 거라고 보니? 그 아이는 어떻게 할 거고, 이 모든 것을 너는 어떻게 할 거야? …… 나는 마음속으로 의문들을 갖고 있었다. 나는 이제 이것들이 나의 이성적인 부분들과, 제한적으로 나를 신뢰하는 회의적인 부분들이었다는 것을 알고 있다. 이 부분들이 존재했지만 나는 여전히 평정심을 느끼고 있었고 일어났던 일에 대해 경외심을 갖고 있는 상태였다.

이런 유형의 회의적 질문은, 내담자가 내면 작업을 처음 경험할 때 특히 영적 지지를 통해 내면 안에서의 어떤 변화가 비교적 빨리 일어날 때 매우 전형적으로 나타난다. 채디의 어린 소년처럼 추방자에 대한 치료 작업을 하는 경우, 회기 중에 시간이 나면 나는 추방자의 작업을 기다려 주고 목격한 다른 부분들을 확인한다. 회의적인 부분들이 자주 생겨나는 것은 바로 이 순간들이다. 그럴 때 나는 회의적인 부분들을 환영하고 부분들의 의견에 감사함을 표한다. 나는 회의적으로 보는 것 역시 중요하다는 것을 인정하며 회의적인 부분에게 감사한다. 또한 나는 회의적인 부분들을 초대해 내면 작업의 결과를 관찰할 수 있도록 한다. 이 경우 이것은 미루는 부분과 관련되어 있을 것이다. 나는 채디가 이 어린 소년 부분과 관계를 맺기 시작했고 어린 소년이 약간의 치유를 경험할 수 있었으며 더 이상 추방되지 않게 된 것이 기뻤다. 그러나 나는 이것이 끝이 아니라고 확신했다.

이 세션이 끝난 지 한두 달 후 베이루트에서는 불행한 일이 벌어졌다. 베이루트 항구에서는 엄청난 양의 질산암모늄이 폭발하여 수백 명이 죽고 수천 명이 다쳤다. 폭발로 인해 재난에 처한 사람들을 도와 달라고 몇몇 친구가 내게 요청을 해 왔지만, 나는 뒤섞인 분노와 무감각, 절망을 느껴 인도주의적 구호에 기꺼이 동참하지 못했다. 내 안의 어떤 부분은 폭발이 일어난 곳으로 가기를 거부하고 있었다. 내가 무엇을 할 수 있는지 더 명확하게 볼 수 있도록 기다려야 한다고 느꼈다. 이미 나는 어렸을 때 이웃에서 일어났었던 수많은 폭발을 떠올리고 있었다.

나는 IFS 치료 소집단에 속해 있었고 그 소집단에서 톰과 온라인 화상으로 IFS 치료 회기를 하기로 예약되어 있었다. 나는 그때 톰에게 말한 것을 기억한다. 나는 숨 쉴 때 공기가 배에 가닿지 않는 것처럼 숨 막힌 느낌이 들어요. 뭔가가 숨을 막고 있어요.

이때 우리가 만날 수 있었던 것이 참 감사하다. 이 회기는 베이루트 항구에서의 폭발로 활성화된, 좀 더 깊이 추방되어 있는 부분을 발견할 수 있게 해 주었다. 채디는 기꺼이 이런 상황에서의 구호작업에 선뜻 응했을 사람이기 때문에 나는 그에게 몇몇 중요한 부분이 촉발되어 있다는 것을 알 수 있었다.

톰은 막힌 느낌을 어디서 느끼는지 몸에서 찾아봐 달라고 내게 요청했고, 그것은 나의 뱃속, 즉 배의 위쪽 부분에 있었다. 나는 이때 온몸에 어떤 두려움을 느끼면서 몸을 떨고 있었던 것을 기억한다. 많은 부분이 함께 나타났다. 하지만 그 중심에는 옥상에 있는 어린아이가 있었다. 아이는 이웃에 사는 많은 아이의 목숨을 앗아갔던 우리 동네에서 일어난 폭발 때문에 울고 있었다. 이 폭발은 내가 아홉 살이었던 1985년에 일어난 일로, 민간인 거주 지역에 처음으로 차량 폭탄이 침투한 것이었다. 이 폭탄은 아이들이 학교에서 돌아오고 있을 때 폭발했다. 폭발은 내게서 너무나 가까운 곳에서 일어났고 거의 나를 넘어뜨릴 정도였던 것으로 기억한다. 내 안의 이 아이 부분은 폭발 근처에 있었던 기억을 지니고 있었고, 내가 자란 건물의 옥상 위에서 파괴를 목격하고 있었다. 폭발 후에 나는 그 옥상에 올라가서 울면서 그 폭발과 죽은 아이들을 애도했다.

이제 나는 그 소년이 울면서 이 모든 일이 일어나도록 허락하신

> 예수님을 원망하는 것을 보고 있었다. 피의 이미지가 너무나도 생생하게 보였다. 수많은 나의 부분이 옥상에 함께 있었다. 다른 사람들이 고통받을 때 내겐 행복할 권리가 없다고 생각하는 부분, 너무 감정적으로 굴지 말라고 하는 부분(No drama part), 이건 가짜이고 그렇게까지 심각한 건 아니야라고 스스로에게 말하는 부분 등 다른 부분도 내겐 있었다. 그 순간은 너무나 강력했고 나는 온몸이 떨리고 심장이 마구 뛰었다……. 톰이 이 소년에게 반응하고 있는 다른 모든 부분 중에서 관심이 필요한 부분이 있는지 부드럽게 물었지만, 다른 부분들은 모두 이 소년 부분을 관찰하고 돌봐야 할 때라고 느끼고 있었다. 다음번 회기에서는 자신에 대한 것을 다뤄 달라고 한, 너무 감정적으로 되지 말라고 하는 부분도 그것은 마찬가지였다. 나는 마음이 점점 차분해지는 것을 느꼈다. 그 아이는 내가 연민 어린 눈으로 자기를 바라보는 것을 느끼며 나를 마주 보고 있었다. 나는 그 아이를 가만히 쳐다보았다.

반응하는 부분들이 쉽게 물러나면서 참자기가 전면에 나서도록 허용하고 있다는 점에 주목하는 것이 중요하다. 채디가 연민으로 소년을 바라보고 있었으므로 우리는 그걸 알 수 있다. 만약 채디가 그렇게 하지 못했다면 우리는 반응하는 부분들과 더 많은 시간을 보내야 했을 것이다. 추측하건대 반응하는 부분들은 소년을 돌보는 것이 얼마나 중요한지 알고 있었기에 기꺼이 뒤로 물러나 주었으며, 이전에 진행했던 회기 때문에 내면 작업 과정을 신뢰했을 것이라고 본다.

이 순간 아이는 이 모든 일이 일어나도록 내버려 둔 것에 대해 예수님께 원망하는 이야기를 하고 있었다. 또한 아이는 예전에 내 여동생이 어려운 상황 속에서 유산을 하게 되면서 심하게 흘렸던 피를 보고 있었다……. 아이는 예수님에게 왜냐고 물어보았다…….
왜 이 모든 일이 일어나야 하는 건가요? 감당하기가 너무 힘들어요.

이때가 바로 치유 과정에서 중요한 순간이다. 이 작업을 할 때의 내 주된 신념 중 하나는 아무리 어려운 상황이 닥치더라도 영적 근원은 깊은 치유의 자원이 될 수 있다는 것이다. 그렇다면 이 끔찍한 폭격 이후 그의 아이 부분이 예수님에게 실망하고 격분하는 상황에서 채디에게 어떻게 해야 할까? 나는 채디에게 이제 참자기 에너지가 충분하다는 것을 느꼈기에 그가 주의를 예수님에게 돌릴 수 있도록 했다. 참자기가 현존한다면 그는 자신에게 맞는 방식으로 영적인 근원과 연결될 가능성이 높았다. 재앙과도 같은 일이 일어나고 신성한 힘에 대한 믿음이 흔들리는 그 순간이 바로 영적 여정에서 중요한 순간인 것이다. 사랑의 하나님이 어떻게 그런 일들이 일어나도록 내버려 둘 수 있을까? 그런 비극을 목격한 어린 소년에게 이런 일은 특히나 어려웠을 것이다. 심리적으로뿐만 아니라 신앙적 여정이라는 면에서도 채디에게 이때가 중요한 순간인 것 같았다.

이때 톰은 내게 예수님이 현존해 계시는지, 소년의 분노에 주님께서 어떻게 반응하고 계신지 물었다. 예수님께서는 아이를 연민으로 바라보시고 이해하고 계셨고 아이의 마음을 수용하고 눈물을 흘리고 계신 것 같았다.

예수님이 소년의 분노와 절망을 수용한 반응 방식은 소년을 치유했을 뿐만 아니라 위험에 처할 수 있었을 예수님과의 관계를 더욱 깊게 했다. 여기서 소년은 자신이 예수님을 향해 분노할 때도 무조건적인 사랑을 받고 있다는 것을 분명히 알 수 있었다. 예수님은 소년의 분노와 절망을 이해하고 받아들였을 뿐만 아니라 아이와 함께하고 계셨다. 한편으로는 그런 예수님의 존재가 연민과 치유를 안겨 주고 있었지만 예수님조차도 그런 일이 일어나지 않도록 막을 수 없음이 명백해 보여, 아이와 채디는 절망감에 압도되고 있었다. 바로 이때가 IFS 치료 과정이 결정적으로 작용하는 순간이다. 채디가 다시 참자기 상태가 되도록 하고 절망감에 덜 압도되도록 하기 위해, 나는 이 절망감이 몸 어디에서 느껴지는지와 그것의 형태, 색 등을 물어보았다. 그 감정을 형태를 가진 것으로 시각화할 때 더 쉽게 작업할 수 있는 경우가 많다.

아이의 주된 느낌은 절망감이었다. 톰은 아이가 이 절망감을 몸 안 어디에서 느끼고 있느냐고 내게 물었는데 그것은 같은 장소인 뱃속에 있었다. 그 절망감을 어떻게 경험하고 있는지 톰이 표현해 달라고 했다. 그것은 검정색 작은 돌 같았고 돌의 안쪽으로부터 빛이 나는 것 같은 모습을 나와 예수님이 보고 있었다.

여기서 톰은 내게 아이가 이 돌을 어떻게 하고 싶어 하는지 물었다. 나는 천천히 차분해지고 있었고 몸의 떨림은 사라지고 있었으며, 아이는 시간이 좀 필요하다고 내게 말해 주고 있었다. 아이는 마치 이미 빛을 발하기 시작한 이 '돌같이 단단한' 검정색 절망감 안에서 무엇인가가 일어나야 하는 것을 알고서 진정이 될 시간을 바라는 것처럼, 예수님과 함께할 시간이 필요했다…….

예수님과의 관계가 전환되어 채디가 예수님을 영접하고 다시 함께할 수 있게 된 것이 분명했다. 채디 안의 이 소년 부분이 돌에 무슨 일이 일어날 필요가 있다는 것을 알아차렸지만, 소년은 먼저 예수님과 함께 치유적으로 현존하는 것을 경험할 필요가 있었다. 어둡거나 힘든 감정은 추방되었던 부분이 오랫동안 짊어져 온 짐인 경우가 많으며 그 짐을 내려놓는 것이 가능하다. 하지만 이 돌이 소년 안에 있는 채로 변하기 시작했기 때문에, 나는 이것들이 지금 당장 내려놓을 수 있는 것이 아니라는 느낌이 들었다. 결국에는 변용이 일어나겠지만 당분간은 채디와 함께할 거라고 느꼈다. 채디가 예수님과 접촉하고 있었고 검은 돌이 어떻게 될지 알기 위해서는 시간이 필요하다고 이야기하고 있었으므로, 나는 여기에서 회기를 마무리하는 방향으로 나아가야겠다고 느꼈다.

톰은 어떤 것이든 아이가 원하는 것이 있냐고 물었고, 아이는 주변에서 많은 일이 바뀔 수 있도록 날아올라 기적을 만들고 싶다고 했다. 회기는 이렇게 끝났고 천천히 호흡하며 나는 다시 돌아왔다…….

나는 아이의 이 소원에서 희망이 다시 깨어나고 있음을 보았다.

절망을 담은 검은 돌이 아직 변용 과정을 겪고 있지만, 좋은 방향으로 나아가고 있는 것 같았다.

> 그 주 또는 그다음 주 일요일 날, 내가 성찬식[1]에 참여하고 있었을 때 나는 갑자기 뱃속에 있는 이 돌 같은 것이 내가 호흡을 해 감에 따라 움직이는 것을 느꼈다. 나는 돌이 내 호흡에 맞춰 위로 올라가는 것을 느꼈고 돌은 머리 위에까지 가 닿았다. 그것은 빛을 내고 있었다. 돌로부터 나온 빛이 내 머리 바로 위에서부터 온몸을 샤워하듯 흘러내렸다. 이 경험은 너무나도 강력했고 소름이 돋는 것 같은 느낌이었다. 내 부분에 대한 어떤 노력도, 생각도 전혀 없이 그냥 저절로 이 일은 일어났다.

검은 돌에게는 변용 과정을 완성하기 위해 성찬례의 맥락이 필요했던 것 같다. 이 순간, 이 어둡고 돌처럼 단단한 절망은 빛의 소나기로 변할 수 있었다. 이것은 돌이 자신의 원래 본성을 드러내기 위해서는 시간이 필요하다는 것을 알고 내면 체계의 지혜를 신뢰한 좋은 예이다.

> 이 경험을 한 지 하루이틀이 지나 나는 베이루트 폭발로 사망한 소방관 가족들을 방문해 달라는 연락을 받았다. 화재 현장에서 항구를 책임지는 주요 소방관들이 탈출하는 동안, 그들은 그곳의 위

1 성찬, '주님의 만찬'은 기독교의 성례전(또는 성사) 중 하나이며, 최후의 만찬 때 그리스도가 자신의 죽음을 기념하여 빵과 포도주를 나누라고 하셨다는 복음서 말씀을 따르는 성례전 또는 성사이다.

험성에 대한 어떤 정보나 폭발성 질산암모늄이 있다는 사실을 모른 채 불을 끄도록 투입되었었다. 그러다 그들은 사망했고, 이들의 가족들은 몹시 비통함을 느끼고 있었다. 가족들이 얼마나 많은 분노와 슬픔, 고통으로 힘들어했을지 짐작할 수 있을 것이다. 그날 나는 활력과 애정이 가득했던 20대 중반의 사랑하는 아들을 잃은 첫 번째 가족을 방문하기로 되어 있었다. 그의 사망 후, 그가 살았던 동네 전체가 몹시 힘들어하고 있었다.

우리는 그 가족의 집에 가기 전에 그들의 집에서 아주 가까운 성 샤르벨(Saint Charbel) 수도원에 갔다. 우리는 그곳에서 잠시 기도를 했는데, 나는 그들을 방문해야 할지 말아야 할지 내가 약간 망설이고 있는 것을 알아차렸다. 확신할 수는 없지만 아마도 내겐 두세 가지 부분들이 있었을 것 같다. 하나는 아무것도 바뀔 것이 없을 거라는 절망적인 느낌이었다. 다른 한 부분은 내가 다른 사람들을 돌보면서 정작 내 가족은 잊어버리고 있다고 말하고 있었다. 그리고 마지막 하나는 나 자신을 영웅처럼 여기면서 교만해질 것에 대한 두려움이었다.

나는 깊은 숨을 몰아쉬면서 성령께서 나를 인도해 주시기를 간구하며 기도했다. 갑자기 내게 성찬례에서 겪었던 것과 같은 감정이 되살아났다. 또다시 내 안에서 어떤 신성과의 접촉이 있었고 그것이 심장을 통과해 머리 위로 올라가 샤워하듯 내 온몸에 빛을 비추어 주었다. 나는 힘이 났고 그 가족을 방문하러 갔다. 사고로 죽은 소방관의 동생은 형과 함께 작은 식당을 운영해 왔는데, 사망한 형에 대한 충격으로 비명과 고함을 지르고 있었고 완전히 넋이 나간 듯 그 식당을 아예 불태워 버리고 싶어 했다. 내가 기억하는 것은 그 젊은이 근처에서 우리가 차분하게 있는 동안, 신부님께서 가족에게 내가 치료사라고 말한 후 그 청년과 내가 단둘이 있을 수 있도록 가족들이 조심스레 허락해 주었다는 것이다. 나는 그 청년이 분노를 표현할 수 있도록 도왔고, 그의 부분들과 함께 감정을 느꼈으며, 그가 겪은 상실을 함께 애도했다……. 나는 그 청년에게 연민을 느꼈고 다른 모든 세세한 것은 잊어버렸다…….

얼마 후 청년은 산 사람은 어쨌든 살아야 한다고 자신에게 말하고 있는 사람들에 대한 분노를 표현했다. 그 후 그는 점차 마음을 가라앉히고 그렇게 말한 이들의 의도를 이해하기 시작했다. 그 청년은 나와 함께 가족에게로 향했고 사과하면서 얼마나 그들을 사랑하는지 모두에게 말했다……. 가족들은 슬픔과 분노를 표현할 시간을 가졌다……. 그런 다음 그들은 우리가 떠나기 전에 꼭 함께 점심을 먹어야 한다며 어떻게든 고마움을 표하고자 했다……. 그것은 내가 전에 거의 경험하지 못했던, 사람들과 함께하는 것, 참자기로부터 사람들을 돕는 연결의 힘에 대한 강력한 경험이었다.

채디에게 일어난 일은 **치유자를 위한 치유** 워크숍에서의 경험이 어떻게 고통받는 이들에게 치유가 일어나는 열린 마음의 특성을 느끼게 할 수 있는지를 보여 주는 좋은 예다. 트라우마를 경험한 가족들을 만나면서 채디가 선명하게 경험한 내면 갈등은, 비록 추방당한 부분들을 치유하고 영적으로 깊은 관계가 형성된다 하더라도 우리 안의 다른 부분들이 활동하는 것을 그만두는 걸 의미하는 것은 아니라는 것도 보여 준다. 이 부분들은 여전히 과거에 했던 방식으로 우리의 삶을 이끌려고 노력하고 있을 수도 있다. 채디의 경우에는 기도와 호흡 연습, 그리고 '성령'이 인도해 주실 것을 간청했던 그의 영적 수행이, 열린 마음의 공간에 다시 연결될 수 있도록 도와주었다. 영적 수행의 핵심적 기능들 중 하나는, 열린 마음이 '깨어났던' 특별한 순간들을 기억하게 해 주는 '기억하기'이다. 우리가 이 기억하기를 더 많이 연습할수록, 어려운 삶의 상황을 마주할 때 그것을 더 쉽게 활용할 수 있게 된다.

내 치유 여정에서 더 일어난 두 가지 단계에 대한 이야기를 여기 남겨 둔다. 이 두 가지 경험은 내가 IFS 치료 공식 트레이닝 레벨 1에 참가했을 때의 실습 시간에 있었던 일이다. 톰은 거기 없었지만, 그가 내 안에서 치유가 시작될 수 있게 도와주었던 것이 계속 이어졌고 시간이 충분하지는 않았지만 매 실습 시간이 내게 도움이 되었다.

첫 번째 경험은 트레이닝에서 첫 번째로 진행되었던 약 45분간의 시연에서 내가 시연 대상자로 선택이 되었을 때 일어났다. 내가 선택된 것은 우연이 아니었다고 나는 믿는다. 많은 사람이 시연 대상자가 되기 위해 자원을 했는데 내가 고른 번호가 선택되었다.[2]

2 IFS 치료 공식 트레이닝에서는 트레이너가 IFS 치료 시연 시, 신청을 받은 후 그중에서 한 명을 골라 전체 앞에서 시연을 진행한다. 이때, 트레이너는 전체 인원수만큼의 숫자 안에서 미리 하나의 숫자를 골라 놓고, 신청자들에게는 각자 번호를

시연에서 나는 옥상에서 아이를 보고 있는 나 자신을 다시 발견했다. 몸에서 약간의 떨림이 일어났다. 트레이너는 내게 호흡을 해 보도록 했고, 옥상에 있는 어린 소년을 보는 것을 원하지 않는 어떤 부분이 내 내면에 있는 것은 아닌지 확인해 봐 달라고 했다. 내 안에서 나는 시연을 보는 30명이 넘는 참가자들의 동정심을 받지 않기를 바라며 축소하려는 부분인, '너무 감정적으로 굴지 마.' 부분을 보았다. 이 '너무 감정적으로 굴지 마.' 부분은 내게 내 어머니와 다른 가족들의 눈빛을 보여 주었는데, 그들이 나에게서 뭔가 나약함을 보고 있는 듯한 기색이었다. 그들이 마치 나를 보며, "너는 너무 약해서 안 될 거야."라고 하면서 어떤 동정심으로 아이 안의 무력감을 보고 있는 것 같은 느낌이었다. 트레이너는 나에게 그 '너무 감정적으로 굴지 마.' 부분에게 말을 전해 주도록 했는데, 네가 알고 있는 그 아이는 내 안의 한 부분이며, 내 전체가 아니라는 것이었다. '너무 감정적으로 굴지 마.' 부분은 그 말을 듣고 거의 충격에 빠졌다. 그 후 이 부분은 긴장을 풀고 의자에 앉았고 내가 아이를 만날 수 있게 도와주었다. 아이를 만났을 때, 이번에는 아이가 무력감을 느끼고 있었고 폭격 소리를 들으면서 전쟁이 두렵지만 아무것도 할 힘이 없다는 것을 느끼고 있었다. 그 무력감은 아이의 심장 안에 있었다. 아이는 그 무력감을 내게 보여 주고 있었는데, 이것 역시 검은 돌 같은 것이었지만 어딘가 빛이 나고 있었다.

하나씩 골라 신청 시 말하게 하는데, 트레이너가 미리 골라 놓은 숫자와 가장 가까운 숫자를 말한 이가 시연 대상자가 된다. 여기에서는 시연에 많은 이가 자원했지만 채디가 고른 숫자가 트레이너가 마음속에 정해 놓은 숫자와 가장 가까웠기에 채디가 시연하게 되었다는 이야기이다.

트레이너였던 시시 사이크스(Cece Sykes)가 내게 어떤 영적 근원을 불러오거나 의식을 치르고 싶은 게 있는지 물어보았고, 나는 예수님을 모셔 오고 싶다고 했다. 아이는 돌을 예수님께 드리고 싶어 하고 있었다. 무엇이든 돌 안의 좋지 않은 것은 빛 속에서 증발되고 있었고, 그 빛은 예수님으로부터 뿜어져 나와 아이의 심장으로 들어오고 있었다. 그런 다음 아이는 돌을 돌려받았는데 이번엔 돌이 믿음의 빛을 내고 있었다. (이렇게 적고 있는 동안, 톰과의 세션에서 아이를 처음 만났을 때 아이가 예수님께 희망을 되찾아 달라고 부탁했던 것이 지금 기억난다.) 그래서 돌은 아이의 심장 안 여유 공간 속에서 환한 빛이 가득한 채, 마치 액체라도 되는 것처럼 바뀌었고 '충만한 불완전함(nice imperfection)'이라는 느낌으로 내게 다가왔다. 시연이 끝난 후 전체 참가자 중 한 명이 관찰한 것을 이야기해 주었는데, 무력함이 불완전함으로 바뀌었고 좋은 방향에서 수용이 일어난 것 같다고 한 것이 내 주의를 끌었다. 그것이 바로 그 경험에서 내가 '진짜' 느낀 것이었다.

나는 '충만한 불완전함'이라는 채디의 표현을 좋아한다. 내가 느끼는 것은 우리의 부분들이 치유를 경험하고 균형을 이루어 우리의 마음이 열리게 되면, 우리 스스로를 강점도 있지만 결함도 있는 존재로서 있는 그대로 수용할 수 있다. 또한 이것이 우리가 사는 세상의 불완전함을 더 넓은 시각에서 수용할 수 있도록 확장시켜 줄 수 있다는 것이다. 이 수용을 바탕으로 우리는 가능한 한 어떤 방식으로든 이 세상을 더 나은 곳으로 만들고자 노력하는 힘을 낼 수 있다.

채디가 소년과 함께 작업한 방식과 회기들이 진행됨에 따라 변화되어 간 검은 돌은 시간이 지남에 따라 내면 작업이 어떻게 진화하는지를 보여 주는 좋은 예이다. 때로는 추방된 부분이 완전한 치유를 이루려면 필요한 모든 과정을 거치기 위한 반복 작업이 필요하다. 이 사례를 보면 소년이 지니고 있던 검은 돌은 옥상에서 진행된 첫 번째 회기에서 완전한 변용이 일어나지 않았다. 채디는 트레이너 씨씨와의 시연을 통해 치유 여정의 다음 단계를 거칠 수 있었고 검은 돌이 완전히 변용되었다. 그의 마음은 광활히 열렸으며 희망이 온전히 일어났다. 씨씨는 바로 적절한 순간에 채디에게 이 과정을 돕기 위해 영적 자원을 초대해 오도록 했던 것이다.

트레이닝을 받는 동안 나는 다른 부분들을 여러 차례 만났다. 어떤 부분들은 너무 많은 걸 감당하느라 압도되어 있었다. 다른 어떤 부분들은 삶을 즐기고 싶어 했고 먹는 것에 탐닉하고 있었다. 그 외에도 여러 부분이 있었다……. 하지만 트레이닝의 마지막에 있었던 경험은 특히 내게 중요했다. 나는 다시 옥상에 있는 나 자신을 발견했다. 그 아이가 그곳에 있었고 훨씬 더 편안하게 있긴 했지만 어깨에 아주 긴 막대기를 가지고 있었다. 막대기는 너무 길어서 아이를 움직이기 힘들게 만들고 있었다.

아이는 그 막대기를 어떻게 해야 할지 몰랐다. 그 막대기는 우리나라의 역사, 조상들의 역사, 그리고 내가 사는 곳에서 일어난 전쟁, 특히 오랜 종교전쟁들만큼 길었다. 그때는 내면 작업이 훨씬 빠르게 진행되고 있었으므로 약간의 작업 후 막대기는 나무로 변했다. 나무는 옥상에 심어졌다. 나무뿌리가 드러나 있었으므로 예수님께서 나무를 돌보고 있었다. 예수님께서는 흙으로 뿌리를 덮어 나무가 잘 살아나도록 하고 계셨다.

역사적 트라우마를 짊어지고 있는 이 막대기는 대물림된 짐의 좋은 예이다. 짐은 고통을 경험한 조상 세대로부터 대대로 후손에게 전해진다. 이 사례에서는 채디가 참자기 상태에 있고 영적 자원이 그와 함께했기 때문에 오랜 역사적인 짐이 빠르게 변용되어 그 모양을 바꿀 수 있었다.

나는 그때 이후 다시 IFS 치료 회기를 가졌는데, 나무는 잘 있었지만 소년은 슬픔과 확신이 혼재된 마음 상태였다. 나무는 그곳에 속해 있지 않았다. 나무는 숲에 있어야 했고 아이 또한 그 옥상을 떠날 준비가 되어 있었지만 역사와의 연결성을 잃어버릴까 봐 두려워하고 있었다. 아이는 물려받은 유산을 잃고 싶지 않았다. 자신이 옥상이 아니라 전 세계에 속해 있다는 것을 알고 있었지만, 아이는 떠나는 것이 슬펐다. 그러자 이번에는 슬픔이 소년의 목에서 검은 연기로 나타났다. 이 연기는 이 지역의 역사 속에서 일어났던 모든 부당한 일들과 연관되어 있었다. 이 연기가 내게 보여 준 부당한 일 한 가지는 삼촌의 죽음이었다. 삼촌은 내가 태어나기 몇 달 전에 죽었는데, 삼촌이 교장으로 있던 학교의 선생님들에게 월급으로 줄 돈을 얻기 위해 위험한 지역에 갔다가 단지 기독교인이라는 이유로 살해당했다. 나는 삼촌이 자신의 입에서 나오는 이 검은 연기를 예수님에게 던지는 것을 보았다……. 그 연기는 계속해서 나오고 있었고 과거, 우리나라[3]를 수백 년 동안 점령하다 제1차 세계 대전에서 패전해서야 떠났던 오스만 제국의 점령 시기로 돌아가고 있었다. 용서가 그 연기를 대체하고 있었다. 아이는 이것이 아직도 진행 중인 일이라는 것을 다시 알 수 있었지만, 자신이 이 옥상에 앞으로 더 이상 머물지 않을 것이라는 것을 느꼈다. 나무는 그 옥상에 속해 있지 않았다.

나는 이게 내가 내 조국을 떠날 것이라는 뜻인지 아니면 아이가 과거의 이때에 갇혀 있지 않을 것이라는 뜻인지 혼란스러웠다. 하지만 그 나무가 사과가 열린 삼나무 숲에 심어져 있는 장면이 확연하면서도 부드럽게 내게 떠올랐다. 그 숲의 나무는 삼나무이긴 했지만 열매로는 사과가 열려 있었다. 사과나무와 삼나무, 두 가지는 모두 내 고향과 관련이 있었다. 아이는 자신의 삶에서의 그 부분에 잠시 접촉해 머무를 수 있도록, 그 옥상을 가끔 방문하게 해 달라고 내게 부탁했다. 나는 그렇게 해도 전혀 상관이 없었다. 이 내면 작업의 단계는 세대를 거쳐 내려온 상처들로부터 치유가 더욱 깊어지는 과정이었고 계속되는 용서와 화해의 이야기였다. 이것을 통해 신의 가호는 누구나 어디에서나 볼 수 있으며, 심지어 우리나라가 겪고 있는 가장 힘든 순간과 같은 때라 할지라도 함께한다는 것을 더 단단히 알게 해 주었다.

추방된 부분을 치유하기 시작하면서 이 부분들이 젊어지고 있

3 채디가 태어난 레바논.

던 짐이 가족과 조상들이 경험한 투쟁과 트라우마의 오랜 역사와 연결되어 있다는 것을 발견하게 되는 것은 드문 일이 아니다. 참자기가 추방된 부분들에 대해 마음을 열고 다가갈 때, 조상들에게 물려받은 짐들을 치유할 수 있는 가능성도 열린다. 특히 치료 작업을 돕는 강력한 영적 존재가 함께할 때는 더욱 그렇다. 채디의 경우 예수님이 함께하고 있었다. 채디의 어린아이 부분이 목구멍에서 고통의 검은 연기를 내뿜고 난 후 그는 억울하게 죽은 삼촌의 영혼이 그간 짊어지고 있었을 분노와 비탄의 어두운 감정을 내보낼 수 있었다고 느꼈다. 그러한 짐들을 짊어져 왔던 조상 선조들의 대물림된 기나긴 짐에 대대로 연쇄적인 짐 내려놓기 반응이 일어났던 것으로 보인다.

내 안의 논리적인 '과학적' 부분은 이러한 경험을 무엇이라고 설명해야 할지 모르고 있지만, 이런 경험을 한 사람들에게는 그 부분조차도 그 경험이 실제라는 것을 알고 있다. 오랜 세월 동안 나는 내가 뭔가를 하도록 제안하거나 안내하지 않아도 이런 일이 저절로 일어나는 것을 보아 왔다. 우리가 조상들로부터의 흐름 속에 속해 있다는 것을 알려 주는 지혜가 이때 일어나는 것 같고 후손의 개인적 치유가 조상들에게도 거꾸로 다시 그 치유가 흘러갈 수 있게끔 문을 열어 주는 것 같다.

채디는 이러한 경험들이 그의 삶의 맥락 속에 어떻게 통합될 수 있는지에 대한 명료한 자기 자각에 대해 다음과 같이 말하며 이야기를 마무리 지었다.

> 나의 한 부분은 진솔하기를 원하므로 나는 지금의 내 상태가 앞

으로도 항상 지금과 같지 않을 수도 있다는 것을 덧붙이고자 한다. 그러나 이 경험은 앞으로도 내가 숨 쉬고 기도하고 명상할 때마다 늘 다시 떠올리게 될 하나의 기준점으로 남을 것이다. 이 경험이 점차 나의 일상적 존재 상태가 되기를 바라며, 내가 새로운 지평을 발견하는 것을 기대한다. 그 새로운 숲에서 나무가 계속 자라나듯이!

우리 대부분은 채디의 내면 여정과 마찬가지로 크고 작은 일을 겪으며 자기 의심에 빠진 후 영적 근원과의 재연결을 경험하게 된다. 이 영적 근원과의 재연결은 우리를 풍성하게 하고 주변의 고통을 덜어 줄 수 있는 힘과 연민을 갖게 한다. 나는 '충만한 불완전함'이라는 말을 좋아하는데, 사실 '아름다운 불완전함(beautiful imperfection)'이라고 말하고 싶다. 이 말은 약점과 강점을 모두 가진 우리 자신을, 있는 그대로 수용할 수 있을 때 어떻게 되는지를 나타내는 것이다. 나에게는 이것이 치유이며 온전하게 되는 것이다.

7장

추방된 아이 부분의 단계별 치유

영적 자원이 중요한 역할을 하는 IFS 치료의 전체 과정을 보여 주는 또 다른 회기를 공유하고자 한다. 워크숍 참가자인 케이(Kay)는 수년간 고민해 온 문제를 탐구하고 싶어 했다. 그녀는 친밀한 관계에서 뒷전으로 물러나 말이 없어지고 불안정한 상태가 되곤 했다고 말했다. 이로 인해 그녀는 좋지 않은 상황에 놓이게 되었고 활력을 잃었다. 이 문제를 해결하기 위해 노력해 왔고 어느 정도 진전이 있었지만 케이는 여전히 이것이 문제가 되고 있다는 사실에 실망하고 있었다. 이제 50대 초반이 된 그녀는 평생 이런 패턴을 경험해 왔기 때문에 그 원인을 찾고 싶어 했다. 케이는 치료사이며, 이 회기는 **치유자를 위한 치유** 워크숍 중 하나에서 진행된 것이다.

다음은 다소 복잡했던 그 회기에 대한 자세한 설명이다. 클라우디아의 회기에서는 작업이 매우 쉽게 진행되었지만, 이 세션에서는 안전하다는 확신이 들 때까지 작업 속도를 늦추는 보호자 부분들이 많았다. 정상적으로 치유 과정이 진행되던 중 무언가가 방해하는 경우가 여러 번 있었다. 케이의 영적 자원은 그 과정을 헤쳐나가는 데 핵심적인 역할을 했다. 이러한 영적 자원은 치유 과정에서 짧지만 중요한 순간에 역할을 하는 경우가 많다.

케이는 이미 IFS 치료에 익숙했기 때문에, 나는 "이러한 문제 부분이 친밀한 관계 상황에서 '마음의 거실'을 장악하는 이유를 이해하고 싶으시군요."라고 간단히 반영해 주었다. 그녀가 맞다고 대답했기 때문에, 우리는 먼저 이러한 부분들이 활성화될 수 있는 상황을 상상해 보도록 하는 것부터 작업을 시작했다.

내면 작업의 시작

그녀가 상황을 상상할 때, 나는 그녀에게 자신의 몸이 어떻게 느껴지는지 주의를 기울여 보라고 했다. 그녀는 동요했다.

케이: 숨 쉬기가 어려워요. 숨을 참고 있어요……. 불안하고 양손이 차가워요.

톰: 이런 순간에 어떤 생각이 드나요?

케이: 거의 생각이 들지 않아요……. 마음이 닫힌 느낌이에요.

톰: 숨을 쉴 수가 없고, 차갑고, 닫힌 느낌이 드는 부분을 이미지로 떠올린다면 어떤 모습일까요?

케이: (이미지가 놀랍다며 웃음) 가늘고 뾰족한 쇠막대 같아요.

그녀가 떠올린 이미지가 뚜렷했으므로, 나는 그녀에게 이 부분에서 조금 거리를 두고 관찰할 수 있는지 보도록 했다.

케이: 봐 볼게요……. 움직임이 없어요.

나는 그녀에게 우리가 그 쇠막대 부분을 없애려는 것이 아니라 그녀가 그 부분을 더 잘 알고 이해하기 위해 분리하려는 것이라고 그 부분을 안심시켜 달라고 요청했다. 이렇게 안심시켜도 그 부분은 움직이지 않았다. 이것으로 나는 이 쇠막대 부분에 반응하는 다른 부분이 있다고 생각하게 했다. 케이가 좀 더 참자기 상태가 되기 전까지는 쇠막대 부분이 움직이지 않을 것 같다는 느낌이 들었다. 이렇게 반응하는 부분의 본질을 알아내기 위해서 나는 다음과 같은 핵심적인 질문을 한다.

톰: 이 부분에 대해 어떻게 느끼나요?

그녀의 반응을 통해 어떤 다른 부분들이 존재하고 있고 이 쇠막대 부분에 반응하고 있다는 것을 알 수 있었다. 케이는 직접적으로 대답하지는 않았지만 얼굴에 역겨운 표정을 지으며 "으웩!"이라고 말했다. 나는 그녀의 얼굴에 드러난 표정을 반영해 주고 기분이 어떤지 물어보았다. 그녀는 메스꺼움과 어지러움을 느낀다고 말했다. 그녀는 신체적 반응이 너무 강해서 안정을 취하는 것이 필요하다고 했다.

보호하는 부분들을 명료화하고 작업하기

케이의 반응을 보면 그녀에게 이 쇠막대가 나타나는 것을 매우 두려워하는 부분들이 있으며, 이 부분들은 그녀를 보호하려고 치료 과정이 진행되지 않도록 막고 있다는 것을 알 수 있다. 이 부분들은 그녀에게 복통과 현기증을 일으킴으로써 그녀를 보호하고 있다. 나는 이 부분들을 이해할 필요가 있고, 안전한 방식으로 쇠막대에 대해 알아 갈 수 있다고 안심시켜야 한다는 것을 알고 있다. 하지만 먼저 케이가 이러한 감정에서 어느 정도 거리를 두고 관찰하는 참자기 상태가 될 수 있도록 도와야 한다. 나는 그녀에게 부분들에 대한 이미지가 있는지 물었지만, 아무것도 떠오르지 않는다고 했다.

종종 내담자가 압도적인 신체 감각을 느낄 때, 나는 감정들을 용기(容器)에 흘려보내 담아 보도록 한다. 그렇게 함으로써 그것을 없애려는 것이 아니라 더 잘 이해하려는 것이라고 그 감정 부분들을 안심시킬 수 있다.

케이에게 이렇게 해 보도록 하자, 그녀는 그렇게 하고는 싶지만 다음과 같이 말하는 목소리가 나타난다고 말했다.

케이: 절대 안 돼요. 오늘은 이것을 하지 않을 거예요.

톰: 그럼 오늘은 절대 이걸 하지 않을 거라고 말하는 그 부분을 찾을 수 있을까요?

케이: 네, 그건 불안이에요.

톰: 그럼, 잠시 그 불안을 관찰해 보세요.

케이: 이건 어두운 색이에요.

톰: 그것을 당신 몸 안에서 어떻게 경험하나요?

케이: 마치 온몸에 어두운 옷을 두른 것 같은 느낌이에요.

톰: 목소리가 들리나요? 무슨 말을 하나요?

케이: "너무 위험해."라고 말해요.

톰: 그러니까 그 부분은 이 작업을 하는 것이 너무 위험하다고 느끼는군요.

케이: 네, 너무 위험해요.

톰: 그 불안 부분이 말하는 위험하다는 경고를 당신이 들었고, 이 경고로 당신을 보호하려 한다는 것을 당신이 알고 있다고 그 부분에게 알려 줄 수 있나요?

케이: (잠시 후) 네.

이러한 순간에는 보호하는 부분들의 두려움을 인정해 주고 보호하려는 그들의 의도를 이해하고 있음을 알림으로써 보호하는 부분들과의 협력 관계를 구축하는 것이 중요하다. 보호자 부분들은 일단 자신들의 이야기가 경청되었다고 느끼면, 무서운 부분과 안전하게 작업할 수 있는 방법이 있고 여전히 그들이 보호자로서의 역할을 할 수 있다고 쉽게 안도한다.

톰: [불안한] 부분에게 이 [무서운] 부분과 안전하게 작업할 수 있는 방법이 있지만, 안전하게 작업을 하려면 [불안한] 부분이 조금 분리가 되어야 하고, 그렇게 되면 당신이 좀 더 중심을 잡을 수 있게 된다고 알려 주세요. 근처에 머물다가 필요하다고 느끼면 언제든지 다시 돌아와서 경고를 해 줘도 된다고도 알려 주세요.

케이: 네, 그 부분이 그렇게 하고 싶어 해요.

톰: 그 불안한 부분이 있을 곳을 찾으면 알려 주세요.

케이: 좋아요. 그 부분이 분리되어 이제 발코니에 있어요.

부분이 분리될 준비가 되어 있고 기다릴 수 있는 자신만의 창의적인 장소를 찾았다는 사실은 그 과정에 대한 신뢰가 생겼다는 것을 알려 주는 것이기 때문에, 나는 이제 더 많은 참자기를 전경으로 가져오려고 노력할 것이다. 한 가지 방법은 중요한 순간에 내담자로 하여금 자각하며 호흡을 하도록 하는 것이다. 이 간단한 마음챙김 기법은 사람들로 하여금 더 많은 참자기 에너지에 접근하도록 돕는다. 이 사례에서 그녀는 쇠막대 부분과 섞여 있을 때 숨을 쉴 수 없다고 보고했기 때문에, 호흡을 알아차리는 것은 케이가 쇠막대 부분의 압박에서 분리하는 데 어느 정도 도움이 될 것이다. 호흡을 자각하도록 하자, 케이는 이렇게 말했다.

케이: 할 수 있어요, 쉽지는 않지만 숨을 쉴 수 있어요.

톰: 좋아요, 이제 메스꺼움과 어지러움으로 반응하고 있는 다른 부분도 확인해 볼 수 있나요?

케이: 여전히 있지만 지금은 그렇게 강하지는 않고 그것과 약간의 거리가 있어요.

톰: 약간의 공간을 만들어 준 부분에게 고마움을 전해 주시고요, 더 많은 공간을 만들기 위해 필요한 것이 무엇인지 물어봐 주세요.

케이: 좋아요, 더 분리해 줄 준비가 됐어요. 이제 그릇에 흘러 들어갈 거예요.

톰: 좋아요, 우리가 쇠막대 부분에게로 돌아가기 전에 그 부분이 더 알려 주고 싶어 하는 것이 있나요?

케이: 네, 그 부분이 근처에 있으면서 필요하면 나타날 준비를 하고 있겠다고 말하네요.

이런 과정을 통해 참자기의 현존을 확인하고, 부분들은 참자기와 치료 과정을 신뢰하게 된다. 부분들의 두려움을 인정하고 그들의 역할을 존중하는 것은 부분이 분리되도록 하는 데 중요하다. 이제 참자기/열린 마음이 더 많이 존재하게 되었으니, 그토록 위험하게 느껴졌던 쇠막대 부분을 다시 바라볼 준비가 된 것 같다.

톰: 이제 호흡에 집중하면서 숨을 몇 번 쉬고…… 다시 쇠막대 부분에게로 되돌아가서 그 부분이 조금 분리해 줄 용의가 있는지 봅시다.

케이: (망설임) 조금 더 준비되긴 했지만…….

어떤 부분이 여전히 반응하고 있다는 것을 감지하고, 나는 그녀가 참자기 상태에 있는지 또는 다른 부분을 좀 더 먼저 작업해야 하는지를 확인하기 위해 그녀에게 지금 그 부분에 대해 어떻게 느끼는지를 물었다. 이 단계에서는 반응하는 모든 부분을 감지하는 데 필요한 만큼의 시간을 갖고 그 과정을 밀어붙이지 않는 것이 중요하다.

톰: 그래서 지금 이 부분에 대한 느낌은 어떤가요?

케이: 아직 불안감이 남아 있어요.

그녀의 반응을 통해 우리가 다음 과정으로 나아가기 전에 불안이 무엇을 두려워하는지 들어 볼 시간이 필요하다는 것을 알 수 있다.

톰: 불안이 다시 나타났군요. 불안에게로 주의를 돌려서 불안이 왜 다시 돌아왔는지, 그리고 무엇이 필요한지 물어봐 주세요.

케이: 필요할 때면 다시 돌아와서 경고할 수 있다는 것을 불안이 믿고 싶어 해요……. 불안이 너무 빨리 되돌아와서 제가 알아차리지 못했어요……. 알아봐 주고 나니까 이 부분이 이젠 믿네요.

톰: 그러니 그 부분이 안심되었다고 느끼고, 다시 조금 분리될 수 있을 때 제게 알려 주세요.

(잠시 멈춤)

케이: 네, 그 부분이 다시 밖에 있고 이제 저는 숨을 쉴 수 있어요.

톰: 좋아요. 이제 쇠막대 부분이 당신과 분리되고 싶어 하지 않은 이유를 물어볼 수 있나요?

케이: 그 부분이 매우 중요하기 때문이라고 말해요.

톰: 그러니까 그 부분은 자기가 매우 중요하다고 느끼고, 만약 분리되면 더 이상 중요하지 않게 될까 봐 두려워한다는 거군요.

케이: 네, 그 부분은 제가 자기를 없애 버리고 멀리 보내 버릴까 봐 두려워해요.

부분이 분리되지 않는 이유는 대부분 어떤 다른 부분이 그 부분을 없애 버리거나 멀리 보내려 하기 때문인 경우가 많다. 부분이 이러한 두려움을 표현할 수 있다는 것은 어느 정도 거리가 생겨났고 더 많은 참자기가 현존한다는 신호이다. 다음 단계는 부분이 충분히 공간을 내어 주어 케이가 참자기 상태로 다시 돌아올 수 있는지 확인하는 것이다. 이를 위해 나는 다음과 같은 질문을 다시 했다.

톰: 이 말을 들었을 때, 당신이 어떤 반응을 보이는지 알아차려 보세요.

케이: 정말 정말 이해하고 싶다는 느낌이 들어요.

톰: 쇠막대 부분에게 그 말을 해 주실 수 있나요?

케이: 네, 쇠막대가 이 말을 받아들여요.

톰: 좋아요.

케이: 쇠막대가 조금 분리할 준비가 되었어요.

톰: 좋아요, 약간 분리되고 있네요. 내면을 살펴보세요. 이 부분을 없애 버리고 싶어 하는 부분이 있나요?

케이: 네, 그런 것 같은데 지금은 느껴지지 않아요.

톰: 알았어요, 그러니까 그 부분이 있지만 지금은 배경(background)에 있다는 거군요.

쇠막대 부분의 두려움에 대한 케이의 반응에 대해, 나의 첫 번째 질문은 참자기가 존재하는지 아니면 실제로 그것을 없애고 싶어 하는 부분이 있는지 확인하는 것이었다. 그 쇠막대 부분을 이해하려는 그녀의 열망과 분리하려는 부분의 의지는 그녀가 더 많이 참자기 상태에 있다는 분명한 징후였다. 이런 명료한 상태에서는 쇠막대 부분을 없애고 싶어 하는 부분이 있는지 물어보지 않아도 되지만, 가끔은 참자기 상태에 있을 때에도 다른 부분이 함께 존재할 수가 있기 때문에 나는 굳이 질문을 했다.

쇠막대 부분에서처럼, 어떤 부분이 비협조적이거나 반응이 없는 것은 거의 항상 어떤 다른 부분이 반응하고 있다는 신호이다. 대부분의 경우 이렇게 반응하는 다른 부분을 인정해 주고 안심시키면 반응이 없던 부분이 반응을 보이고 대화가 진전될 수 있다.

이 시점에서 우리는 케이의 내면 체계가 참자기 상태가 되도록 준비하여 그녀가 더 잘 이해하고자 하는 부분과 함께 치유 작업을 시작할 수 있도록 예비 작업을 수행했다. 내 경험상, 반응하는 부분들과 그들의 역할 및 두려움, 그리고 그러한 부분들이 한발 물러나 참자기가 현존하도록 허락하는 데에 무엇이 필요한지를 알아 가는 데 충분한 시간을 보내는 것이 매우 중요하다. 이 작업은 이 사례에서와 같이 20분 정도 걸릴 수 있다. 또는 치유적인 대화를 시작하기 위해 참자기가 충분히 전경에 등장할 때까지 여러 회기가 필요할 수도 있다. 이렇게 보호자의 역할을 이해하고 인정해 주면 부분들은 참자기와 이러한 작업 방식에 대해 신뢰하기 시작한다.

핵심적인 부분과의 작업

이제 케이는 추방된 쇠막대 부분과 작업할 준비가 되었음을 알 수 있는데, 그녀가 이 부분을 이해하고 싶다는 진심을 표현하는 것을 보면 그녀가 참자기 상태에 있다는 것을 알 수 있기 때문이다. 이 시점에서 나는 종종 내담자에게 그 부분을 만나 더 잘 알아갈 수 있는 치유의 장소를 상상하도록 한다. 이 열린 초대를 통해 내담자는 자신의 내면 작업을 지지할 수 있는 치유의 조건을 상상할 수 있다.

톰: 그렇다면 부분을 만날 수 있는 치유의 장소, 이 만남을 지지해 줄 수 있는 공간을 상상해 볼 수 있나요?

케이: 음, 쇠막대 높이가 너무 높아서 빛의 기둥 같은 게 있으면 좋을 것 같아요.

톰: 빛의 기둥이요.

케이: 네, 빛의 기둥…… 따뜻한 빛이요.

톰: 그럼, 그 빛의 기둥 안에서 이 부분을 보면 어떤가요?

케이: 약간 슬픈 기분이 들어요.

톰: 그러면 그 슬픔에 주목해 보세요. 그 느낌은 쇠막대 부분이 느끼는 건가요, 아니면 그 부분을 관찰하면서 당신 안에서 일어나는 반응인가요?

케이: 이 부분을 관찰하면서 내 안에서 연민이 느껴져요……. '와, 이 부분이 많은 짐을 지고 있구나.'라는 생각이 드네요.

이 과정에서 슬픔과 같은 감정이 생기는 것은 매우 흔한 일이다. 내 질문은 그 감정이 그 부분에 속한 것인지 아니면 그 부분이 얼마나 고통스러웠는지를 관찰하면서 느낀 그 사람의 반응인지를 판단하기 위한 것이었다. 이 경우, 그녀는 슬픔이 그 부분이 겪은 고통에 대한 연민 어린 반응이라는 것을 매우 분명하게 알고 있었다.

이러한 순간에는 슬픔을 느끼는 것이 돌보는 부분인지 아니면 참자기의 표현인지에 관한 질문을 한다. 참자기는 고통을 지켜볼 때, 그것이 우리 자신의 부분이든 다른 사람의 부분이든, 연민 어린 슬픔을 느낄 수 있다. 그러나 참자기가 느끼는 슬픔은 압도적이거나 불편한 감정이 아니다. 사실 그 감정은 보통 환영받는다. 슬픔이 압도적으로 느껴진다면 그것은 부분에서 비롯된 것이다. 그렇다면 슬픔을 느끼는 부분을 찾아서 무엇이 필요한지 알아보고, 필요한 경우 거리를 두고 관찰할 수 있는 안전한 장소를 찾도록 하는 것이 중요하다. 이때 케이는 참자기 상태에 있는 것 같았지만, 나는 확신할 수 없었다. 그녀의 반응에서 그녀가 관찰하고 있는 것이 매우 강렬하다는 것을 알 수 있었기 때문이다. 그래서 나는 다음 질문을 통해 그녀가 참자기 상태인지 확인했다.

톰: 네, 그 부분이 많은 고통을 받아 왔네요……. 이 슬픔을 느끼는 것이 당신에게는 어떤가요?

케이: 아주 기분이 좋아요.

이것은 그녀가 슬픔을 느끼고 있음에도 불구하고 실제로 참자기 안에 있다는 신호이다. 깊은 연민이나 슬픔, 또는 상황에 대한 이해로 인해 눈물이 나올 수도 있지만, 그 감정은 긍정적인 방식으로 감지된다. 이것이 건강한 애도 방식이다.

톰: 좋은 기분이군요. …… 좋아요, 아마도 그 부분에게 당신이 함께 있고 그 부분이 경험한 것들을 이해한다고 알려 줄 수 있을 것 같네요.

케이: 이 쇠막대는 정말 많은 일을 해 왔어요.

톰: 그렇군요, 그 부분이 당신을 위해 무엇을 해 왔는지 알려 달라고 해 주

세요.

케이: 이제 더 이상 숨을 쉴 수 없다는 느낌은 없어요.

톰: 그 부분이 당신과 나누고 싶은 이야기를 하도록 해 주세요.

케이: 또 다른 부분이 있어요……. 무슨 일이 일어나고 있는지 모르는 부분이에요. 마치 이 부분이 저를 살아 있도록 하기 위해 싸우고 있는 것 같아요.

톰: 좋아요. 당신을 살아 있도록 하기 위해 싸우고 있는 그 부분을 찾아보세요. 지금 당신 몸에서 그 부분이 느껴지나요?

케이: 여기요……. (배를 만짐)

톰: 어떤 느낌인가요……. 조이는 느낌인가요?

케이: 아니요. 에너지에 더 가까워요.

톰: 에너지군요.

케이: 이 부분은 "나는 많은 에너지를 가지고 여기에 있어……. 그렇지 않으면 우리는 해내지 못할 거야."라고 말하고 있어요.

톰: 그러니까, 많은 에너지를 가지고 있는 이 부분이 당신을 살아 있게 하는 거네요. 이 부분에 대한 내면의 이미지가 있나요?

케이: 둥근 모양이에요……. 둥글어요.

톰: 둥글군요.

케이: 둥근 형태예요…… 유연하고…… 단단하면서도 유연해요.

톰: 색깔이 있나요?

케이: 베이지, 베이지 브라운색이요.

형태와 색상에 대해 질문을 하는 것은 이 부분에 대한 명확한 이미지가 떠오를 수 있도록 돕기 위해서다. 그래서 나는 그녀가 여전히 참자기 상태에 있는지, 그녀가 이 부분에게 어떻게 반응하고 있는지 확인하고자 하였다.

톰: 이 부분을 관찰하면서 이 부분에 대해 어떤 느낌이 드나요?

케이: 행복해요. 이 부분이 있어서 행복하고…… 따뜻함을 느껴요.

톰: 당신에게 이 부분이 있어서 행복하다는 걸 그 부분에게 알려 주실 수 있나요?

이제 그녀가 참자기 상태에 있고 추방되었던 이 부분을 환영해 줄 수 있다는 것이 분명해졌다. 그녀는 처음에는 쇠막대에 대해 차가운 느낌이었지만 이제 이 부분에 대해 따뜻함을 느끼고 있었다.

케이: 네…….

톰: 이제, 그 부분이 해 줄 이야기가 더 있는지 보세요……. 아니면 그냥 거기 있는 것만으로도 괜찮은가요?

케이: 그냥 있어도 괜찮다고 해요.

톰: 좋아요, 그 부분을 어디에 두고 싶나요?

케이: 여기 제 옆에요.

나는 이 부분이 무엇인지 아직 확신할 수 없었다. 일종의 생명 에너지, 삶에 대한 의지인 것 같지만 현재로서는 더 이상 해 줄 이야기가 없는 것 같았다. 나는 그녀가 그 과정에 대해 생각하게 만드는 질문을 하기보다는 그 과정을 경험하게 하는 질문을 하려 했다. 그래서 그녀가 참자기와의 연결을 더 깊게 할 수 있도록 돕고,

쇠막대 부분에게 돌아가 우리가 무엇을 더 알 수 있는지 보기로 했다.

나는 우리가 케이가 겪어 왔던 힘든 기억이나 경험들을 마주하게 될 그 순간에 와 있다는 것을 직감했다. 나는 참자기가 존재할 때에도 그 사람의 다음 치유 과정을 돕기 위해 자신의 영적 자원에 연결하도록 초대하곤 한다.

톰: 그러면 잠시 시간을 내어 호흡을 알아차려 보세요. 충분하다 느껴지면, 이제 우리의 작업을 좀 더 깊이 들어갈 수 있도록 준비하면서, 당신이 현재 함께하고 싶은 어떤 영적 자원과도 접촉할 수 있습니다.

케이: 마치 제 아래에 따뜻한 돌이 있는 것 같은 느낌이에요. …… 나를 받쳐 주는 손처럼…… 나를 잡아 주는 손…… 그리고 나는 성모 마리아님과의 연결을 느껴요…….

톰: 그럼 잠깐 그 연결을 느껴 보세요……. 지금 느껴지시나요?

케이: 네, 아주 강하게 느껴져요.

톰: 좋아요, 이제 그 연결이 느껴지는 그곳에서 다시 쇠막대 부분을 보세요.

케이: 오……. (그녀가 웃으며) 쇠막대가 변했어요, 그 부분이 빛의 기둥 속에 있는 동안 변했어요. 더 부드럽고 왠지 더 유동적이에요.

톰: 더 부드러워졌고 더 유동적으로 되었군요.

케이: 네, 빛으로 인해 더 부드럽고 유동적으로 바뀌었어요.

톰: 이제 이 부분이 어디에서 왔는지 물어볼 수 있을까요?

케이: 아주 옛날이에요……. 말로 표현하기 어려운데…… 흰색, 하얀색…… 병원에서요. (그녀가 호흡 곤란을 겪기 시작함)

톰: 병원에서…… (그녀가 호흡하기 어려워함) …… 성모 마리아님과의 연

결을 떠올리고, 그분의 도우심을 느껴 보세요…….

케이: (호흡하기 어려워함) 저는 어렸을 때 병원에서 많은 시간을 보내야 했어요.

톰: 그래서 이 부분은 병원에서의 그 당시 기억을 떠올려 주고 있군요……. 그래도 괜찮나요?

케이: 네.

톰: 이 부분이 당신과 나누고 싶은 이야기가 있다면…… 무엇이든 알려 주도록 해 주세요……. 하지만 너무 지나치게 당신을 압도하지는 말아 달라고 요청하세요…….

케이: (그녀가 고개를 끄덕임)

톰: 병원에 있는 아이의 이미지나 기억이 있나요?

케이: 네, 아이…… 그리고 아이를 위해 제가 해 줘야 할 것이 있다는 걸 알겠어요. …… 어머니가 아프셔서 저는 병원에 혼자 있어야 했고…… 접촉이 거의 없었어요.

이제 그녀가 호흡하기 어려운 것과 관련된 쇠막대 부분이 그녀가 어린 시절에 병원에서 홀로 겪었던 고통과 아픔을 견디는 데 도움을 준 보호자 이미지라는 것이 분명해졌다. 이제 내 역할은 그녀가 이 추방된 아이 부분과 접촉하면서 참자기에 머무를 수 있도록 지지하는 것이다.

톰: 그 당시 병원에 있는 그 아이를 보세요……. 당신이 그 아이에게로 가서 그 당시 누군가를 필요로 했을 그 아이를 위해 그곳에 함께 있어 주는 것을 상상할 수 있나요?

케이: 네…… 아이가 더 평화로워지고 있어요. 이전에도 조용했지만 그것과는 다른 방식의 것이에요……. 이제 그 애는 일종의 내면의 평화를 얻고 있어요. 전에는 단지 외적으로 조용한 것이었어요.

톰: 좋아요, 그냥 그 아이가 필요로 하는 만큼 아이와 함께 거기에 있어 주세요……. 아이가 당신의 존재를 느끼나요?

케이: 네, 저도 아이를 느끼고 아이도 제 존재를 느끼고 있어요…….

톰: 아마도 어떤 방식으로든 아이와 소통할 수 있을 거예요, 당신이 거기에 함께 있다고 전해 주세요.

케이: 이미 했어요, 얼굴을 쓰다듬어 줬어요…….

톰: 좋아요, 그냥 아이가 원하는 만큼 거기에 함께 있어 주세요…….

케이: 아이가…… 안아 주기를 원하는 것 같아요.

톰: 좋아요, 해 줄 수 있나요?

케이: 잘 모르겠어요…….

이 순간까지만 해도 분명히 참자기 상태에 있는 것 같았는데, 마지막 반응을 통해 뭔가 다른 것이 나타나고 있다는 것을 알게 되었다. 아이를 안아 줄 수 있을지 확신하지 못하는 부분이 있는지 물어볼 수도 있었지만, 여기에서 나는 먼저 그녀가 자신의 영적 근원과 더 깊이 연결하는 것을 제안하기로 결정했다.

톰: 그러면 잠시 동안 호흡을 알아차리고 성모 마리아님을 느껴 보세요. 당신이 그 아이를 안을 때 아마 성모 마리아님도 당신을 안을 수 있을 겁니다……. 당신이 맞다 싶은 것을 하면 됩니다……. 지금 무슨 일이 일어나고 있나요?

케이: 아이를 안고 싶다는 감정과 안고 싶지 않다는 감정이 동시에 들어요.

이것은 IFS 치료가 얼마나 중요한지, 그리고 영적 임재(spiritual presence)가 가능할 때에도 부분에 대한 인식은 항상 중요하다는 것을 보여 주는 좋은 예이다. 영적인 지지가 모든 것을 바로 치유할 수 있는 만병통치약은 아니다. 어떤 순간에는 도움이 되지만 또 어떤 순간에는 부분을 인식하고 먼저 작업할 필요가 있다. 케이의 치료 과정에서 지금이 바로 그런 경우이다.

톰: 아이를 안고 싶어 하지 않는 부분을 찾을 수 있나요?

케이: (울기 시작) 비명을 지르고 싶어 하는 부분이에요…….

톰: 비명을 지르고 싶어 하는 이 부분과 함께 있어 줄 수 있나요?

케이: 이 부분은 비명을 지르고 싶어 하고 엄청 화가 났어요.

톰: 엄청 화가 났군요.

케이: 내면에서 동요가 일어나요.

톰: 화가 난 이 부분의 이미지가 있나요?

케이: (울면서) 이 부분은 제 엄마의 한 부분이라는 생각이 드네요.

톰: 그러니까 이것은 당신 안에 들어와 있는 엄마의 한 부분이군요. 이 부분과 조금 분리할 수 있나요?

케이: 네…….

톰: 이 부분이 어떻게 보이나요?

케이: 하얀 안개처럼요.

톰: 그러니까, 이건 하얀 안개군요……. 그것을 볼 때, 당신은 어떤 느낌이 드나요?

케이: 이 부분이 저와 분리되고 나니까 '이런!' 하는 생각이 드네요.

케이는 이 부분에 대해 깜짝 놀란 것 같았는데, 이런 시점에서는 케이가 참자기 에너지를 더 가질 수 있도록 무언가를 하는 것이 중요하다. 종종 어떤 상태가 유동적이거나 안개처럼 나타나거나 압도적일 때, 나는 그것을 용기(用器, container)에 담아 보도록 초대한다. 이렇게 하면 일반적으로 어느 정도의 명료함이 체계 내에 되돌아온다.

톰: 이 안개를 어떤 용기에 담아 볼 수 있을까요?

케이: 네모난 유리 큐브요.

톰: 안개를 그곳에 넣을 수 있나요?

케이: 이미 들어가 있어요……. (웃음)

톰: 좋아요. 이제 그것을 큐브에 넣은 상태에서, 다시 한번 살펴보고 그것에 대해 어떻게 느끼는지 알아차려 보세요.

케이: 어지럼증이 다시 돌아왔어요. 이것은 다른 부분과 관련이 있어요.

톰: 좋아요. 어지러운 부분에게 좀 확인해 봐 주세요. 그 부분이 왜 다시 돌아왔나요?

케이: 지금 큐브에 있는 이 부분이 너무 위협적이고 끔찍해서…… 안개가 꼈기 때문에 돌아왔어요.

톰: 안개 부분이 압도하지 않도록 하기 위해 어지러운 부분이 돌아왔다는 거네요?

케이: 내가 그 안개 부분을 보지 않아도 되니까요…….

톰: 그렇다면 어지럼증 부분에게 우리가 당신에게 해가 되지 않는 방법으

로 이 과정을 해 나갈 수 있다고 알려 주실 수 있나요?

케이: 음…….

톰: 안개가 그렇게 위협적이지 않도록 안개와 작업을 해 나갈 것이라고 말이에요.

케이: 네.

톰: 하지만 그렇게 하려면 어지러움을 유발하는 부분이 먼저 조금 분리해 줘야 해요.

케이: 네, 그렇게 할 의향이 있네요……. 네, 그 어지럼증이 뒤로 물러났어요.

이 시점에서 나는 케이가 아이 부분과 더 온전히 현존할 수 있도록 그녀에게 참자기 에너지가 확실히 충분한지 확인하는 것이 중요하다고 느꼈다. 이것이 먼저 해야 할 중요한 일이라고 생각했고, 우리는 나중에 안개에 대해 더 자세히 알아볼 수 있었다.

톰: 안개 부분과 곧 무엇인가 하겠지만, 우선, 안개가 걷혔으니 병원에 있는 아이가 필요로 하는 것이 있는지 먼저 확인하고 싶네요.

케이: 네, 이제 아이를 안아 주고 싶어요.

톰: 좋아요, 그럼 아이에게 돌아가서 당신이 원하는 방식으로 아이와 시간을 보내세요.

케이: 이제 안아 볼 수 있어요. (한동안 침묵)

톰: 지금은 어떤가요?

케이: 아이가 이 기분이 얼마나 좋은지 느끼고 있어요. 저도 기분이 좋아요.

톰: 좋아요……. 이제 아이와 함께 숨을 들이쉬고 내쉬고 해 보세요…….

(잠시 후) 지금 아이는 어떤가요?

케이: 이제 아이는 처음으로 누군가가 자신을 위해 존재해 준다는 것을 경험하고 있어요.

아이 부분과의 상호작용이 매우 치유적인 것 같아서 나는 케이에게 아이와 함께할 시간을 좀 주었다. 참자기/열린 마음이 이전에 추방되었던 부분을 안아 주는 이 순간은 치료 과정에서 가장 중요한 치유의 순간들이다. 또 다른 중요한 단계는 트라우마를 겪었던 그 시기에 갇혀 있는 부분을 데리고 나오는 것이다. 추방된 부분들은 종종 이전의 기억에 갇혀 있기 때문에 그곳에 머물 필요가 없다는 것을 알려 주는 것이 중요하다. 추방된 부분들은 대개 갇혀 있던 시간에서 벗어나고 싶어 하지만, 그러기 전에 우리는 그 부분들에게 그들이 짊어진 짐, 즉 그들이 가지고 있는 감정, 상처, 혹은 신념을 내려놓을 수 있는 기회를 제공한다.

톰: 당신이 그 아이에게 이제는 병원에 계속 머물 필요가 없다는 것을 알려 줄 수 있어요. 만약 당신과 아이가 원하면, 당신이 그 아이를 그 시간에서 데리고 나올 수 있어요.

케이: 네, 이제는 떠나고 싶어 해요.

톰: 아이가 이런 시간으로부터 짊어지게 된 짐을 가지고 있을 수 있는데, 그 감정과 신념을 떠나 보낼 수도 있어요.

케이: 뭐라 표현하진 못하겠지만 그 짐들은 느껴져요.

톰: 괜찮아요, 정확하게 표현하지 못하더라도 아이가 그것을 내려놓을 준비가 되면 당신은 그걸 알 수 있을 거예요. 그런 다음, 이 짐을 떠나보

내는 데 필요한 에너지나 자원을 초대해 볼 수 있어요.

나는 지금 이 글을 읽으면서 그때 내가 빨리 진행하고 있었다는 것을 알았다. 아마도 회기의 시간이 많이 경과되었고 우리가 이 작업을 전체 집단 앞에서 하고 있었기 때문일 것이다. 단어로 표현할 수 없는 짐을 명확히 하기 위해, 그 부분이 이러한 짐을 신체 감각으로 어떻게 경험하는지 물어보고 나서 형태나 색깔이 있는지도 물어볼 수 있었다. 짐이 신체 감각에서 비롯된 형태로 드러나면 내려놓기 쉬워지는 경우가 많다.

케이: 네, 알겠어요.

톰: 이제 그 아이가 짐을 내려놓을 준비가 되었나요?

케이: 네.

톰: 좋아요, 그것이 끝나면 알려 주세요.

케이: (깊은 심호흡을 하며) 조금 어려워요.

톰: 뭐가 어렵죠?

케이: 내려놓는 것이요. 일부는 사라졌지만 전부는 아니에요.

톰: 괜찮아요. 짐을 내려놓는 데 있어 도움을 줄 수 있는 게 뭔가 있는지 보세요.

케이: 네, 성모 마리아께 도움을 청해 볼게요.

여기서 케이는 필요한 영적 자원을 불러오고 있다. 또한 내담자가 짐을 내려놓을 준비를 할 때, 치료사가 이 과정에서 도움이 될 만한 자원을 가져오도록 제안하는 것도 유용할 수 있다.

톰: 그럼 그 짐을 옮기거나 변용해야 할 수도 있나요?

케이: 네, 이제 짐은 내려놓았지만, 뭔가 다른 일이 일어나야 해요.

그 과정이 쉽게 일어나지 않을 때, 나는 이러한 내면의 심리적 패턴이 오랫동안 자리 잡고 있었고 정신이 스스로를 재프로그래밍하는 데 시간이 필요하다는 것을 상기시키는 좋은 기회라고 여긴다. 내가 보기에는 지적인 이해를 통해서는 일어나지 않는 신경학적 연결이 이러한 이미지 작업을 통해 재구성되는 것 같다.

톰: 그 과정에 필요한 시간을 가지세요.

케이: 좋아요, 가루 같은 것이 있는데, 제가 그것을 물에 뿌리고 있어요. 맞아요, 그게 효과가 있네요.

톰: 필요한 만큼 충분히 시간을 가지세요.

케이: 음, 생각보다 가루가 많은 것 같네요. (웃음) …… 하지만 잘 되고 있어요. 잘 되고 있어요.

톰: 괜찮아요, 이 부분이 오랫동안 많은 짐을 가지고 있었어서 내려놓으려면 시간이 필요할 거예요.

케이: 네…….

짐 내려놓기 과정을 안내할 때 나는 보통 이런 식의 열린 초대를 한다. 때로는 짐의 이미지를 더 명확하게 하기 위해 더 많은 안내를 해야 할 때도 있다. 우리는 이 한 회기 안에서 너무 많은 것을 했기 때문에, 나는 케이가 스스로 알아차릴 수 있도록 아주 간략하게 안내했다. 그녀는 점차적으로 짐을 가루로 경험할 수 있었고 물에 그것을 떠내려 보낼 수 있음을 느꼈다. 때때로 IFS에서는 짐을 땅, 물, 불 또는 공기를 통해 떠나보낼 수 있다고 알려 준다. 자발적으로 어떤 일이 일어나지 않았다면 나도 그렇게 했을지 모른다.

짐 내려놓기 후에는, 짐이 있던 공간에 새로운 성질이나 에너지를 초대할 수 있다는 것을 제시하는 것이 좋다. 이것이 치유 과정에 도움이 되는 것 같고, 나는 그렇게 하면 그 짐이 다시 돌아와서 본래 있었던 자리를 차지할 가능성이 줄어들게 된다고 생각한다.

톰: 아이가 짐이 있던 공간에 새로운 특성이나 에너지가 들어오기를 원할 수도 있어요. 무슨 말인지 이해하시겠어요?

케이: 네.

톰: 아이가 새로운 무언가를 받아들일 준비가 되었나요?

케이: 네, 가루는 강물에 의해 씻겨 내려갔어요. 이제 보이지 않아요.

톰: 이제 새로운 것이 들어올 수 있나요?

케이: 네, 따뜻함, 따뜻한 빛이요.

톰: 천천히, 빛과 따뜻함을 느껴 보세요. 아이와 함께 호흡을 하면서 그걸 들이마시고 내쉬고 해 보세요.

케이: 네, 점차 아이가 그 빛을 받아들이고 있네요.

(시간이 조금 지남)

톰: 자, 이제 아이가 그 병원을 떠날 준비가 되었는지 확인해 보세요. 떠나기 전에 다른 것이 필요한지 확인해 보시고요.

케이: 네, 그 아이를 현재의 제 삶으로 데려올 수 있어요.

톰: 좋아요, 그렇게 하세요.

케이: 여기 있어요. (그녀는 심장과 어깨 사이의 한곳을 가리킴) …… 아이

가 여기 누워 있어요……. 기분이 좋아요.

(잠시 시간이 흐름)

톰: 좋아요……. 이제 우리가 분리했던 다른 부분을 잠시 살펴보세요.

케이: 이 안개 부분은 여전히 보기가 싫어요.

톰: 좋아요, 우리는 이 부분에 대해 뭔가를 더 해야 할 것 같네요.

케이의 반응이 안개 부분에 대해 여전히 부정적이었기 때문에 나는 이것이 정상적인 보호자 부분이 아니라는 생각이 들었다. 일반적으로 고통과 아픔을 짊어진 추방자가 돌봄을 받고 더 이상 그들이 짊어진 고통으로 인해 체계가 압도될 것에 대한 두려움이 사라지면, 보호자들은 긴장을 풀고 형태를 바꾼다. 이 경우에는 무언가 다른 일이 일어나고 있었다. 어떤 위험한 경험을 한 것으로 보이는 다른 부분이 있는 것 같아서, 나는 우선 아이를 안전한 곳으로 데려가는 것이 최선이라고 생각했다.

톰: 우리가 안개와의 작업을 하기 전에 아이를 안전한 장소로 옮기는 게 좋을 것 같네요.

케이: 네.

톰: 아이가 보호되는 안전한 장소를 상상할 수 있나요? 여전히 당신과 함께 있지만 보호를 받을 수 있는 그런 곳이요.

케이: 네, 아이가 거기에 있어요.

톰: 좋아요, 이제 잠시 안개 부분을 보세요……. (내가 이 말을 했을 때 그녀의 얼굴에서 찡그린 표정을 느꼈기 때문에 나는 그녀에게 어떤 부분이 존재하는 것을 감지했다고 알려 주었다.) 제가 당신에게서 어떤 부

분이 반응하는 것을 알아차렸는데, 그게 아이 부분의 반응인가요?

케이: 아니요, 아이가 아니라 제 뱃속 깊은 곳에 있는, 일종의 '꾸르륵거림' 같은 느낌이에요.

톰: 아마도 이 부분이 스스로 모습을 드러낼 수 있을 거예요. 그러면 당신이 그 부분을 더 잘 이해할 수 있을 거예요.

케이: 불안이 다시 찾아왔어요.

톰: 그래요, 괜찮아요.

케이: 불안감이 왔다가 다시 사라졌어요.

불안은 우리가 주의를 기울이고 있는지 확인하고 난 후 다시 물러난 것 같다.

톰: 그래서, 이 꾸르륵거림이 어떤 형태인가요?

케이: 네, 마치 폭풍 구름 같고 아주 강력해요.

톰: 아주 강력하군요.

케이: 강력하고 화가 났어요.

톰: 강력하고 화가 났고요……. 그 부분을 더 잘 이해할 수 있도록 이 부분이 당신과 좀 떨어져 있는 것을 상상할 수 있나요?

케이: 이제 저에게서 분리되었어요……. 이제 안개가 알아차려지고 얼마나 고통스러웠을까 연민이 느껴져요.

폭풍 구름 부분이 분리되자마자 그녀는 참자기 상태가 되어 안개 부분에 대한 연민을 느끼는 것 같았다. 이 안개 부분이 무엇인지 아직 명확하지 않지만, 안개가 행동하는 방식에서 왠지 안개가 그녀의 부분이 아니라 그녀 어머니의 부분을 그녀의 내면으로 가져온 것 같은 느낌이 들었다.

톰: 이 안개 부분이 당신의 부분인지 아니면 다른 사람의 부분인지 확인하고 싶군요. 그 부분에게 당신의 부분인지, 아니면 외부에서 들어온 것인지 물어볼 수 있을까요?

케이: (그녀가 물어보는 동안 잠시 멈춤) 그것은 제 안에 들어온 거예요……. 이것은 제 것이 아니에요.

다음 장 '부분이 아닌 것들'에서는 이러한 부분이 아닌 것들이 반응하는 다양한 방식을 설명할 것이다. 이것들이 체계에 속한 것인지 알아내는 가장 좋은 방법은 그저 직접 그것에게 물어보는 것이다. 내 경험상 이것들은 어떤 이유에서인지 이에 대한 거짓말을 하지 않는다. 이 사례에서는 케이가 이미 그 부분에 대해 연민 어린 반응을 보인 것 같아서, 나는 이것을 체계에서 직접 분리하는 방향으로 나아갔다. 만약 케이에게 그 부분과 싸우고 있거나 밀착되어 있는 부분들이 있다면, 그 부분들과 먼저 작업해야 할 것이다.

톰: 그것은 당신의 것이 아니군요……. 그러니 당신이 준비가 되면, 이것에서 자유로워지는 것도 가능해요.

(준비가 되었다고 그녀가 말함)

톰: 당신이 준비가 되면, 이 안개가 가야 할 곳으로 데려갈 수 있는 에너지나 자원을 초대해서, 이제 그것이 속해 있어야 할 곳으로 데려갈 수도 있어요.

(그녀가 내면으로 들어가서 그 과정을 진행함)

톰: 지금 무슨 일이 일어나고 있나요?

케이: 뭔가 따끔거려요.

톰: 그렇다면, 이 따끔거림이 뭔지 알아보세요.

케이: 음……. 제 안에서 이[안개] 부분이 있었던 곳인 것 같아요.

톰: 그럼, 이 따끔거림과 함께 지금 무슨 일이 일어나야 하는지 느껴 보세요.

나는 그녀의 참자기가 무슨 일이 일어나야 하는지 알고 있다고 믿고 있었고, 단지 그 과정을 지지하고 있었다.

케이: 강력한 에너지가 나타나고 있고, 그럴 때 따끔거림이 멈추네요.

톰: 네, 그래요.

케이: 그리고 제가 이 부분을 떠나보내는 것이 중요한 것 같아요……. 성모 마리아께 다시 와 주시도록 부탁드리고 싶어요.

사실 우리가 짐 내려놓기를 시작하기 전에 성모 마리아를 초대하도록 제안했더라면 좋았을 것이다. 보통 이런 경우에는 그렇게 하는 것이 중요하다. 하지만 그녀의 참자기는 어떤 일이 일어나야 하는지 잘 알고 있었다.

톰: 그래요, 그렇게 하는 것이 맞을 것 같나요?

케이: 네, 그리고 성모 마리아께서 저에게 지금 안개가 떠나간 공간을 선량함으로 채워야 한다고 말씀하시네요.

이 단계의 과정은 매우 빠르게 진행되었다. 그녀가 성모 마리아를 초대하자마자 성모 마리아는 그 부분[안개]을 멀리 떠나보냈고, 케이는 그것이 어디로 갔는지 전혀 알 필요가 없었다고 말했다. 나는 이러한 유형의 부분이 아닌 것은 완전히 이해되지 않을 수도 있고, 그러한 것들이 일단 체계에서 떠나가고 나면 더 이상 그것을 책임질 필요가 없게 된다는 사실을 여러 번 발견해 왔다. 또한 이렇듯 부분이 아닌 것들을 만났을 때 그 과정을 지지할 수 있는 강력한 영적 자원을 당사자가 가지고 있어야 한다는 것이 내 경험이다. 이 사례에서 성모 마리아는 이 작업을 가능하게 하는 데 핵심적인 역할을 했다.

그것이 떠나간 후에 성모 마리아가 빈 공간을 선량함으로 채워야 한다고 하고 있고, 즉시로 그 일이 일어나고 있다. 어떤 단계에서는 치료 과정이 고통스러울 정도로 느리게 진행되다가 또 다른 단계에서는 모든 것이 순식간에 일어나는 것처럼 보인다는 점이 흥미롭다. 특히 참자기/열린 마음이 전경에 있고 영적인 자원이 존재할 때 그런 일이 일어나는 것 같다. 그래서 이 과정이 마무리될 때쯤, 나는 케이에게 자신의 호흡을 알아차리고 이 새로운 에너지를 들이쉬고 내쉬도록 했다. 앞에서 만났던 따뜻함 부분도 거기에 있었다. 그런 다음 마무리하기 전에, 나는 그녀에게 아이 부분과 다른 부분들이 필요로 하는 것이 있는지 살펴보도록 했다. 모든 것이 조화를 이룬 것 같았고 회기가 끝났다.

이 회기가 주말 집중 워크숍(retreat)이라는 지지적인 분위기에서 진행되었기 때문에 케이는 그 분위기 안에서 작업할 수 있었다. 여러분은 이 과정을 진행하는 데 있어 몇몇 중요한 순간에 영적인 존재(이 경우엔 성모 마리아)가 필수적이라는 것을 알 수 있었을 것이다. 그런 순간이 처음에는 보호자와 함께 있을 때 있었고, 나중에는 아이의 짐 내려놓기 과정에서, 그리고 그녀에게 속하지 않은 것을 내보낼 때 다시 한번 있었다.

케이는 그 주말이 지난 후에도 자신에 관하여 주기적으로 내게 알려 주었다. 이 작업은 그녀의 삶에 지대한 영향을 미쳤고 그녀의 대인관계도 달라졌다. 그녀의 어머니와의 관계 변화는 그녀에게 놀라운 일이었다. 이런 내면 작업은 항상 새로운 어려움이 없는 것은 아니지만, 그 사람의 삶에 깊은 영향을 미칠 수 있다. 일반적으로 추방자가 치유를 찾고 현재의 삶으로 돌아오게 되면, 전체 체계가 새로운 조건에 맞게 조정되어야 하는 경우가 많다. 그녀는 내면 작업 후 자신의 삶이 어떻게 변화했는지에 대해 다음과 같이 성찰한 바를 적었다.

내면 작업의 영향에 대한 성찰

'내 것이 아니었던 부분'이 사라졌고 그로 인해 많은 것이 달라졌다. 과거에, 그 부분들 때문에 내가 아이들에게 냉랭한 감정이었을 때, 나는 아이들에게 아무런 감정도 느낄 수 없었다. 지금은 달라졌다. 이제는 아이들과 깊은 연결감을 느끼고 있고, 내가 만나는 아이들도 그런 내 모습을 알아차리고 이전과는 전혀 다른 방식으로 나와 접촉하는 것 같다.

내게 생긴 또 다른 새로운 느낌은 내 자신과의 더 깊은 접촉이다. 이것은 아이를 갖고 싶은 내 욕망에 영향을 미쳤다. 인생 초기에 아이를 낳는 것에 대한 결정을 해야 했을 때 나에게는 이성이 앞섰다. 그때 나는 '안 되는 일'이라고 쉽게 받아들였고 오히려 안도감을 느꼈다. 이제 50세가 된 지금, 상황이 바뀌고 있다. 내 인생에서 처음으로 내 아이를 갖는 것에 대해 진심으로 '예스'라고 말할 수 있게 되었다. 그 기분이 정말 좋다! 정말 형언할 수 없을 정도로 아름답다! 하지만 쉬운 일은 아니다……. 늦은 나이에 어머니가 된다는 것은 내게는 정말 상상하기 어려운 일이며, 그것을 생각하면 산더미 같은 두려움이 일어난다. 하지만 이제는 그런 감정들이 오래 머물지 않는다. 이렇게 깊이 사랑을 느낄 수 있는 능력은 내 삶을 정말 풍요롭게 해 주는 선물이다! 나는 그것에 대해 깊이 감사한다! 동시에 내 주변의 두 여성이 임신했다. 나는 지금 그들의 임신에 전과는 매우 다른 방식으로 반응하고 있다. 나에게 있어 새로운 것은 내가 새로 태어나는 생명에 대한 기쁨을 너무나도 분명하게 느낄 수 있다는 것이다.

이전에도 나는 다른 사람들과 깊은 교류를 할 수 있었지만, 새로운 점은 아주 가까운 관계에서 더 깊이, 더 직접적으로, 더 분명하게 사랑을 느낄 수 있다는 것이다. 나는 사랑하는 사람들을 새로운 방식으로 만나고 있다. 그리고 내면에서 내 자신과도 다르게 만난다. 내 안에 새로운 연결감이 생겼다. 내 부분이 아니었던 것이 사라졌을 때부터 그런 일이 생겼고, 그 이후로 지금까지도 계속되고 있다(약 반 년이 지났다).

케이의 말은 나에게 매우 뜻깊게 다가왔고, 다시 읽으면서 가슴이 뭉클해졌다. 그녀의 말처럼 열린 마음을 펼칠 수 있도록 돕는 이 여정에 함께할 수 있어서 감사하다. 케이의 치유 과정은 계속되었다. 그녀는 6개월 후 **치유자를 위한 치유** 주말 워크숍에 다시 참석했다. 그녀는 이전의 작업에서 떠오른 질문을 가지고 왔다.

주말이 시작되면서 '나는 무엇을 위해 아기를 낳고 싶은가?'라고 스스로에게 물었다.

토요일에 안내된 심상 작업…… 나에게서 무언가가 태어나길 원하는가? 나는 감히 이 질문을 직시할 엄두가 나질 않는다. 한 부분, 또 한 부분이 차례로 나타난다. 나는 그 부분들이 지금 나를 위해 무엇을 하려고 하는 건지 묻는다. 한 부분은 주의를 분산시켜 두려움으로부터 나를 보호하고 있다. 두려움에 눈을 돌릴 수 있게 되면서 나는 그것이 '나는 할 수 없다'는 오래된 두려움이라는 것을 깨닫는다……. 이것은 내 아이 부분을 안아 주지 못하게 하는 부분과 관련되어 있다……. 나는 이 짐이 과거에서 왔다는 것을 안다……. 나는 할머니의 무덤 옆에 서 있다……. 나는 땅에 난 구멍에 흙을 던지고 있다……. 나는 오래된 짐이 그곳에서 변용될 것이라고 믿는다……. 바람이 불고……. 흙먼지가 공처럼 소용돌이치면서 바람을 따라 위로 떠오르고…… 공기에 의해 떠내려가 변용이 일어나고 있다…….

6개월 전에 시작했던 작업이 이제 막 끝났다!

나의 내면 작업을 통해 우리 가족의 여러 세대 여성들, 특히 엄마와 엄마의 엄마(할머니)를 짓눌렀던 부분이 풀려났다. 어머니가 잠시 전 나를 보러 오셨는데, 여기에서도 우리 사이에 정서적인 연결이 더 강해지고 이전보다 더 가까워졌다는 것이 느껴진다.

아이들에 대한 따뜻한 마음은 여전하지만, 이제는 그것이 내 아이들에 대한 것이 아님을 알게 되었다. 이제 모든 것이 이해가 된다. 왜 내가 아이를 갖지 않았는지 이해하게 되었다. 그렇게 해야만 그 차가운 부분을 다음 세대로 대물림하지 않고 내 세대에서 줄여나갈 힘을 모을 수 있었던 것이다. 나는 고통에 대해 알고 있고, 이를 차단하는 것과 이를 보상하기 위한 모든 형태의 회피에 대해서도 알고 있다.

20년 전, 나는 치료사로 일하기로 결심했고 그 결정을 실천해 왔다. 이제 다음 단계는 치료사로서 고용되어 일할 뿐만 아니라 개인 치료실을 개업하는 것이며, 이것은 이전에는 감히 엄두도 내지 못했던 일이다. 지금은 그것이 내 안에서 태어나고자 하는 것이다! 나는 사람들과 함께 일하면서 그들의 오래되고 묻혀 있던 짐을 변화시키는 데 동행할 수 있을 것이다. 그들이 삶에 대한 활력과 열정을 되찾을 수 있도록 돕고 싶다. 그것이 바로 내 안에서 삶으로 태어나고자 하는 것이다. 이제 분명하게 "예"라고 대답할 수 있다. 돌이켜 보면 나의 작업 과정은 '임신'과 비슷해 보인다. 그것은 일정 시간 동안 지속되며 때로는 어렵고 혼란스럽기도 하지만…… 결국에는, 세상에 새로운 생명이 탄생한다. …… 새로운 감정적 특성을

> 통해…… 그리고 의미 있는 경험을 통해 내 안의 새로운 삶이 생겨났고, 내 삶의 모든 것이 갑자기 너무 명확하게 이해가 되었다! 그리고 나의 내면 밖에서의 새로운 삶은 사람들이 자신의 부분을 인식하고, 감사하며, 건강하고 온전한 무언가를 만들어 내는 데 동행하는 삶이다. 나는 명료하고 강하며 현존함을 느낀다.

처음으로 참여한 **치유자를 위한 치유** 주말 워크숍에서 그녀가 경험했던 깊은 작업은 이후 6개월에 걸쳐 펼쳐지는 과정의 시작이었다. 그리고 6개월 후 다시 참가한 **치유자를 위한 치유** 주말 워크숍에서 그녀는 작업을 완료하고 그녀 가족의 여성들이 여러 세대에 걸쳐 짊어지고 있던 짐을 더 완전히 벗어 버릴 수 있었다. 대대로 이어져 내려온 마음의 짐을 내려놓으면 치유가 다시 조상들에게로 흘러가는 경우가 흔하다.

먼저 접촉하는 것을 막았던 부분의 냉기가 풀렸다. 이를 통해 그녀는 자신의 어린아이 부분을 안고 위로할 수 있었다. 이 치유의 효과로 그녀는 자신과 주변 사람들에게 마음을 열 수 있었다. 종종 그렇듯이 수년간 차가운 부분의 존재로 인한 짐이라는 감정적 잔여물이 남아 있었고, 이로 인해 여러 세대가 깊은 인간관계의 결핍을 느끼게 되었다. 그녀는 어머니와 할머니의 이러한 감정적 잔여물을 인식했고, 그녀의 마지막 심상 작업에서 그것이 풀려난 것 같다.

그녀의 어머니는 제2차 세계대전 당시 독일에서 어린 시절을 보냈고 할머니는 제1차 세계대전을 겪은 세대라는 것을 아는 것이 중요하다. 그 당시 여성과 아이들이 겪었어야 했던 고통은 엄청난 것이었다. 어머니들은 아이가 울면 달래지 말고 울음을 그칠 때까지 방에 넣은 후 문을 닫고 있으라는 말을 듣던 시절이기도 했다. 또한 아이가 병원에 입원하면 부모는 면회가 허용되지 않아 아이와 신체적 접촉을 할 수가 없는 경우도 많았다. 독일에서 내담자를 만날 때 나는 종종 병원 환경의 기억에 갇혀 있거나 방에서 울고 있는데도 반응을 받지 못한 추방된 아이 부분과 작업하곤 한다. 이러한 부분들의 치유와 회복은 보통 케이가 아이를 안아 주는 것을 허락하지 않았던 차가운 부분, 즉 그녀에게 속하지 않는 부분과 같은 복잡한 요소 없이 이루어진다. 하지만 이러한 유형의 것들이 가끔 나타나기 때문에 다음 장에서 자세히 설명하고자 한다.

8장

내사된 것[1]: 부분이 아닌 것들

IFS의기본 원리 중 하나는 자신의 부분을 없앨 수 없으며 그렇게 하려는 어떤 시도도 단순히 그것을 억압하게 될 뿐이라는 것이다. 억압되면, 인식도 하지 못한 상태에서 그 부분이 나타나게 되고 더 극단적인 형태가 될 가능성이 있다. IFS 치료 모델에서는 모든 부분을 환영하며 모든 부분이 긍정적인 의도를 가진다고 본다. IFS 치료에서는 이 개념이 매우 중요하므로 내가 '내사된(Introjected)' 것들로 부르는 것, 즉 그 사람의 것이 아닌 것으로 밝혀진 것에 대한 논의는 보통 더 고급 수준의 트레이닝[2]에서 다루어진다.

자주 나타나지는 않지만, 이것이 나타날 때 이것을 능숙하게 인

---

1 원서에서는 part라는 용어를 쓰고 있으나 저자 톰 홈스 및 이 분야의 전문가인 로버트 팰코너(Robert Falconer)와의 질의 후, 진짜 부분과의 혼동을 막기 위해 번역시 대명사를 사용하여 이것 또는 그것이라고 하기로 한다.

2 IFS 치료 공식 트레이닝의 최종 레벨 3단계에서 다루는 내용이다.

식하고 다루는 것이 중요하므로 나는 여기서 내사된 것을 논하려 한다. 내가 여기서 말하는 것은 내담자의 내면에 지속적으로 나타나지만 일반적인 부분과는 다르게 행동하는 것들이다. 내사된 것은 도움을 주기보다는 오히려 부정적인 에너지를 가지며, 그 부분을 갖고 있는 사람에 대한 긍정적인 의도가 결여된 경우가 많다. 이는 우리가 그간 정의해 온 모든 일반적인 부분과는 다르다. 현재 IFS에서는 이러한 것들을 무소속의 짐(unattached burdens)[3]이라고 지칭하고 있다. 나는 그 용어가 아주 정확한 이름이라고 생각하지 않는다. 그것이 내가 이것들을 내사(內射)된 것으로 간주할 것을 제안하는 이유다. 이러한 유형의 것들은 여러 면에서 일반적인 부분처럼 작용하지만, 외부에서 그 사람의 내면 체계 안으로 들어온 것이다. 앞 장에서 이러한 것 하나가 등장했었다. 나는 내사(introjection)라는 용어를 좋아하는데, 정신분석 모델에서는 외부에서 그 사람의 것이 아닌 것이 시스템 안으로 들어온 것을 내사라 부른다. 내사되어 들어온 것들은 그 대상이 되는 이의 내면 안에 건강한 방식으로 통합되는 것이 불가능한 자질이나 구조를 갖고 있다. 그러나 이 용어를 사용하려면 IFS 치료와 관련된 의미를 명확하게 하는 것이 필요하다.

정신분석에서의 내사는 외부 세계로부터 태도, 가치관, 또는 행동을 받아들여 그것들을 내면 체계 내에서 복제하는 것을 말한다.

---

3 U.B라고 줄여 말하기도 한다. 어디에서 왔는지 알 수 없게 체계에 들어와 있다는 면에서 무소속이라고 한다. 이것에 대해 로버트 팰코너는 외부로부터의 에너지(External Energy)라고 부르기도 하며 빙의(Spirit Possession)와 유사한 것으로 보고 있다. [참고: Robert Falconer (2023). *The Others Within Us:Internal Family Systems, Porous Mind, and Spirit Possession*. CA:Great Mystery Press.]

슈워츠는 '내사(introject)'라는 용어를 좋아하지 않았는데, 그 이유는 정신분석가들이 모든 부분이 단지 그 사람의 환경에 존재한 중요한 타인의 내사물일 뿐, 그 사람의 내면 체계에 천부적으로 갖고 태어난 부분들이 아니라고 말하게 될 것이라고 느꼈기 때문이다. 나는 부분들이 성격의 천부적인 구조인 것처럼 보인다는 슈워츠의 말에 동의하지만, 성격은 실제로 세상에서 어떤 경험을 했는가에 의해 형성되기도 한다고도 느낀다.

내가 보기에는 한 사람의 삶에서 중요하게 작용한 이들의 기대와 판단들을 배우는 역할을 하는 일련의 한 부분이 있는 것 같다. 보통 이러한 메시지들은 부모로부터 나온다. 개인의 내면 삶에서 비판적이고 판단적이며 완벽주의적인 기능을 수반하는, 즉 내가 말하는 '초자아 부분들(superego parts)'은 특히 그렇다. 이 부분들은 이 부분을 가진 개인으로 하여금 태어난 가정과 공동체에 적응하고 상대에 의해 수용되고 보살핌을 받을 수 있도록 한다. 이처럼 이러한 부분들은 삶의 경험, 특히 부모와의 관계에 의해 형성된다. 이로 인해 어떤 부분들은 자신의 부모와 유사한 특성을 갖게 된다. 그러나 IFS 치료 모델에서는 이러한 부분들이 부모의 메시지나 특성을 받아들여 온 것이더라도 그 사람 자신의 체계 안에서 생겨난 것으로 본다. 부분들은 이러한 외부로부터의 메시지들을 내면 체계 내에 포함하고 통합해 오면서 만들어진 것이다. 이런 의미에서, 이러한 부분들은 한 사람의 체계를 구성하는 자연스러운 부분들이기 때문에 내사된 것이 아니라고 할 수 있다.

부분이 환경으로부터 흡수하는 메시지 중 상당수가 건강하고 적응을 위해 필수적인 것들이다. 그와는 별개로, 부분들은 부모나 중요한 타인으로부터 별 도움이 되지 않는 메시지나 신념을 받아들여 내면화하게 되기도 하는데 이러한 것들은 삶을 살아가면서 곤란을 겪게 하는 짐과 한계로 작용하게 된다. 이는 정신분석심리학에서 언급하는 내사와 비슷하다. IFS 치료 모델에서는 이러한 문제가 있는 메시지나 신념을 삶의 초기 경험으로부터 짊어지게 된 내면화된 짐으로 본다. IFS 치료에서 내면 작업의 중요한 한 요소는, 부분이 고통과 한계의 근원이 되는 신념과 태도 등의 짐을 현실에 맞지 않게 지고 있는 것을 내려놓게 하는 것이다.

내가 '내사된 것들'이라고 부르는 것은 한 개인이 받아들이게 된 메시지, 신념 또는 짐과는 다르다. 이러한 내사된 것들은 부분처럼 보이기도 하는데, 가혹하고 심지어 징벌적으로 작용하기도 하는 극단적인 '초자아 부분들'과 때로는 유사하다. 그러나 진짜 부분들은 항상 긍정적인 의도를 갖고 최선의 도움을 주려 하는 반면, 이 내사된 것들은 그렇지 않다. 양극화된 진짜 부분들에게서도 때로는 긍정적인 의도를 찾기 어려워 보일 때도 있다. 하지만 양극화된 부분들이라 할지라도 거칠고 징벌적인 방식을 멈추는 것이 도움이 된다고 진심으로 이해하고 알게 되면 그들은 변화하며 달라진다. 진짜 부분이라면 비난하고 판단하며 가혹하게 구는 그 이면에서 항상 그러한 부분들의 긍정적인 의도를 찾을 수 있다. 그러나 내사된 것에게서는 그런 긍정적인 의도를 찾아볼 수 없다. 이러한 내사된 것들은 그 내담자의 체계에 속한 것이 아니라는 것이 나의 경험이며, 내담자가 균형과 조화를 찾으려면 이러한 것들을 체계에서 내보내야 한다. 부분이 내사된 것인지 아닌지 판단하는 것은 매우 신중하게 이루어져야 하며, 그래야 실제로는 자신에게 속한 부분을 내사된 것으로 잘못 인식하고 떠나보내려 하게 되는 일을 막을 수 있다.

조심스러운 이야기 하나

IFS 치료를 배운 이후 여러 해 동안 나는 내면세계에서 만나게 되는 모든 부분은 그 내담자의 것이므로 그에 맞춰 부분을 다루어야 한다고 여겨 왔다. 내담자가 자신 안의 한 부분이 싫다고 말하면 나는 내담자로 하여금 그 부분을 싫어하는 다른 부분을 찾도록 했다. 그 부분이 마음에 들지 않아서 없애려고 하는, 다른 부분이 있다고 보는 것이다. 이것은 일반적으로 부분을 다룰 때 내면 작업에서 매우 중요한 단계이며, 적어도 95% 정도는 맞아들어 가는 것 같다. 다음의 예는 마음에 들지 않는 부분을 없애려는 마음이 가득할 때 생겨나는 위험성 중의 일부를 설명한다.

내가 IFS 치료 모델을 치료에 적용해 나가던 초기, 한 내담자가 자신의 모든 다른 부분이 싫어하는 한 부분을 찾아냈다. 『반지의 제왕』에서 나오는 골룸과도 같은 부분이었다. 내담자 안의 다른 모든 부분은 이 골룸 부분을 없애고 싶어 했던지라 골룸 부분은 기분이 상해 떠나고 싶다고 하고 있었다. 그래서 나는 부분들이 원하는 대로 따라가 주었고 내담자는 골룸 부분을 떠나보냈다. 문제는 그 골룸 부분이 정말로 그 내담자의 부분 중 하나였다는 것이었다. 그 부분은 사라지기보다는 보이지 않는 곳에서 작동하기 시작했다. 다음 회기에서 나는 이 골룸 부분에 속하는 내담자의 감정과 행동을 알아차렸지만, 내담자가 자신의 내면 안에서 그 부분을 만나 작업하도록 하려 했을 때 이 부분은 자신을 드러내거나 말하지 않았다. 사과하고 신뢰를 쌓는 시간을 다시 들인 후에야 이 부분과 다시 작업할 수 있었다. 신뢰를 되찾기 위해서는 이 부분이 그동안 내담자를 어떻게 도우려고 했는지 알아줘야 했다. 전체 체계 내에서 이 부분이 소속감을 다시 느끼도록 하려면 이 부분에게 무엇이 필요한지를 알아주는 것이 필요했다. 이 경험 이후로 나는 모든 부분은 그 사람에게 속해 있으며, 결코 내보낼 수 없는 존재라는 것을 굳게 믿게 되었다. 이 강한 믿음은 나중에 때때로 그 사람의 것이 아닌 부분도 있다는 것을 알게 되면서 장애가 되었다.

몇 년 후 나는 자신에게 속하지 않는다고 느끼는 부분이 있는 내담자들을 만나기 시작했는데, 이 부분들이 종종 내면에서 너무나 부정적으로 작용해서 내담자들이 힘들어하곤 했다. 나는 보통의 IFS 치료 방식으로 이 내담자들을 대했다. 적대적인 부분에게 반응하는 부분을 찾아내고, 그 적대적인 부분으로 인해 상처를 받는 다른 부분을 안전한 장소에 있게 했고, 그렇지 않으면 적대적인 부분을 다른 부분에게 해를 가하지 않도록 다른 방에 있게 했다. 그런 다음 적대적인 부분에 맞서거나 저항하는 부분을 찾아내고, 그 부분들을 분리하여 '참자기와 부분 간의 상호작용'이 일어날 수 있도록 했다. 보통 반응하는 부분들이 분리되면 부정적인 부분이 변화하여 점점 더 작아지고 덜 극단적으로 변한다. 하지만 가끔 이 내담자들의 경우 내담자가 참자기 상태에 있을 때도 바뀌지 않는 부분이 있었고, 이 부분에게서 긍정적인 의도를 찾으려는 모든 시도는 실패로 돌아갔다. 그 적대적인 부분은 자신이 하는 일이 내담자를 처벌하거나 다치게 하는 것이라고 주장했다. 그 적대적인 부분을 차단하고 나면 내담자는 자신이 더 안전하다고 느꼈고 자신 안의 다른 부분들과 더 잘 작업할 수 있었다. 하지만 돌아가 그 적대적인 부분과 다시 작업하려 하면, 내담자는 이 부분이 자신의 것이 아니라는 강한 느낌이 든다고 말하곤 했다. 그래서 나는 이 적대적인 부분이 정말로 내담자의 것이 아니라고 보기보다는 또다시 그 강하게 반응하는 부분과 작업을 하곤 했다.

내가 칼(Karl)이라고 부를 한 내담자는 분쟁 상황이 되면 갑자기 튀어나와 다른 사람들에게 매우 거칠고 가혹하게 대하는 '흑기사 부분'을 가지고 있었다. 이런 모습은 그의 평범한 일상에서의 모습과 극적인 대조를 이루었고, 그는 자신이 왜 그런 건지 이해하려고 애쓰고 있었다. 그것은 처음 언뜻 보기에는 전형적인 그림자 측면처럼 보였는데, 비판적인 분노 부분은 억압되고, 반면 친절하고 배려심 있고 책임감 넘치는 부분들이 더 크게 나타나는 이들에게서 볼 수 있는 그런 모습 같았다. 이 흑기사 부분에 반응하는 부분을 찾기 위해 IFS 치료의 일반적인 방식으로 그와 작업을 했지만, 흑기사 부분이 가혹하게 보복을 하는 모습은 변하지 않았다. 내가 그에게 이 부분이 언제 그의 인생에 처음 등장했느냐고 물었을 때, 그는 자신을 죽이겠다고 위협하기까지 했던 학대하는 아버지에 대한 기억을 떠올렸다. 적대적인 부분은 아버지와의 관계를 통해 그의 체계 안으로 들어온 것 같았다.

칼이 이 부분이 자신에게 속한 것이 아니라고 느꼈기에, 우리는 이 부분이 실제로 어떻게 그의 일부가 될 수 있었는지에 대해 계속 알아 갔다. 그가 중심 잡힌 참자기 상태에서 이 부분을 만났던 어느 시점에서, 칼은 흑기사를 덮고 있는 검은 타르 같은 코팅을 자신이 제거할 수 있다는 것을 발견했다. 그렇게 '백기사' 부분이 나오도록 한 후 칼은 기진맥진했다. 칼의 어린 시절, 그는 학대하는 아버지로부터 형제들을 보호해야만 했다. 칼이 형제들을 보호하는 것에 대해 무력하게 느꼈을 때, 이 백기사 부분이 어두운 에너지를 초대해 왔던 것처럼 보였다. 그 어두운 에너지를 갖고 칼은 아버지와 맞설 수 있었고 비록 자신은 매를 맞았지만 형제들을 보호할 수 있었다. 이 어둠의 에너지는 우리가 내면 작업을 통해 그것을 발견할 때까지 칼에게 붙어 있었다. 그러나 내면에 있는 대부분의 짐과는 달리, 이 어둠의 타르 에너지는 이제 백기사 부분과 분리되긴 했지만 스스로의 의지가 있는 것 같았고 떠날 준비가 되어 있지 않았다. 우리는 이 에너지를 강력하고 안전한 방에 나오지 못하도록 넣어 둘 수 있었고 나중에 방문하기로 했다. 이 어둠의 에너지는 부분들에게서 볼 수 있듯 개별적인 특성과 존재 의지가 있는 것처럼 보였다. 따라서 비록 이 시점에서 볼 때 긍정적인 의도는 백기사의 것처럼 보이고 그 어둠의 에너지는 단순히 힘을 갖게 하는 것 같았지만, 나는 이것의 긍정적인 의도를 결국은 찾을 수 있을 것이라고 생각했다.

그 무렵 나는 소위 '크리터(critter)'[4]라고 불리는, 문제를 일으키지만 내면 체계에 속한 것이 아닌 것들에 대해 몇몇 IFS 치료사들이 작업하고 있다는 이야기를 듣기 시작했다. 나는 이것이 내담자들 중 몇몇이 했던 경험에 부합한다고 느껴져, 체계에 속하지 않으며 떠나보내야 할 필요가 있는 개체들이 내면 체계에 존재할 수

---

4 작은 동물 등의 생물 또는 생명체. 여기서는 내사된 것을 말한다.

있다는 생각에 흥미를 느꼈다.

칼과 더 작업하면서 안전한 방에 넣어 둔 그 어둠의 에너지를 만나 갈수록 그는 계속해서 그것이 그의 것이 아니라고 느꼈다. 나는 칼에게 그 느낌이 부분에서 오는 것인지 확인해 달라고 부탁했지만, 마치 참자기로부터 그런 느낌이 오는 것처럼 보였다. 따라서 나는 그의 체계로부터 이 어둠의 에너지를 내보내 보자고 마음먹게 되었다. 이 에너지를 내보내기 전, 나는 이 어둠의 에너지에 특별히 반응하는 부분들이 있는지 칼에게 확인해 보도록 했다. 어둠의 에너지를 내보내는 동안 그런 반응하는 부분들이 비켜 줄 수 있도록 하기 위해서였다. 두려움이나 분노로부터가 아니라 참자기로부터 이런 에너지를 내보내는 것이 가장 최선의 방법이다. 부분들이 물러난 후, 나는 칼에게 이 에너지가 없어지기를 원하지 않는 부분이 있는지 확인하도록 했다. 앞서 이 에너지를 초대해 왔던 백기사 부분은 이제 회복 중이었고, 백기사는 어둠의 에너지가 건강하지 않으며 더 이상 필요하지 않다는 것을 알고 있었다.

칼과 진행했던 그 이전의 회기 경험을 통해 나는 칼이 영적 에너지에 연결할 수 있는 것을 알고 있었다. 이 어둠의 에너지를 다루기 전, 먼저 나는 칼이 내면 안에서 자신의 영적 에너지의 근원과 연결되도록 했다. 그렇게 한 다음 그는 어둠의 에너지에 다가가 의사소통하기 시작했다. 처음에 그것은 떠나야 한다는 생각에 매우 동요했고 내보내지는 것을 두려워했다. 원래 속했던 곳을 찾기를 바라는 마음으로 필요한 곳으로 보내는, 즉 자애로운 방식으로 이것을 떠나보내는 것이 칼에게는 중요했다. 칼의 영적 인도자가 지지해 주는 가운데 어둠의 에너지는 점차 떠나는 것을 덜 두려워하게 되었고 칼은 이것을 빛의 흐름 속으로 안내해 무사히 떠나보낼 수 있었다. 이 경험 후에 칼의 체계에 엄청난 변화가 있었고 매우 편안해졌으며 그의 부분들은 훨씬 서로 조화를 이룰 수 있게 되었다. 이 과정이 칼에게 미친 극도의 긍정적인 효과를 본 후, 내담자들이 자신들 안에게 속하지 않는 것이 있다고 할 때 나는 새로운 관점으로 보다 개방적으로 대할 수 있었다.

체계에 속한 것이 아닐 수 있다고 의심되는 것을 작업할 때는, 체계 내에 속한 부분처럼 그것을 대하는 것이 실수가 아니라는 것을 기억하는 것이 중요하다. 어려운 부분을 작업할 때 꼭 해야 할 단계이자 내사된 것을 다룰 때의 첫 번째 단계는, 그 문제가 되는 부분을 다루기 전에 내담자가 충분한 참자기 에너지를 갖게 하고 문제가 되는 부분에 반응하는 부분이 있는지 찾는 것이다. 체계에 속한 부분이 아니라는 증거가 나타나도 계속해서 진짜 부분이라고 여기는 것은 실수다. 지금 바로 이런 이유로 내사된 것에 대해 기술하고 있는 것이다. IFS 치료 모델로 작업할 때, 내사된 것을 어떻게 식별하고 다루어야 하는지 아는 것이 중요하다고 믿기 때문이다.

나는 내면 체계에 속하지 않는 부분인지 식별하는 데에 도움이 되는 일련의 지표를 개발해 왔다. 이미 언급된 한 가지 핵심적인 것은 긍정적인 의도를 찾을 수 없다는 것이다. 또 다른 지표는 당연히 내담자가 "나는 이것이 나의 일부라고 생각하지 않는다."라고 자발적으로 말한다는 것이다. 이런 것들이 항상 내사된 것이라는 것을 의미하는 것은 아니지만 내담자의 이러한 관점은 존중될 필요가 있다. 첫 번째 단계는 이 적대적인 부분이 사라지기를 원하는 부분이 있는지, 또는 이 부분에 의해 상처받아 온 부분이 있는지를 알아내어 살펴보는 것이다. 이를 탐구하는 믿을 만한 방법은 이 적대적인 부분에 반응하는 부분을 찾는 것이다. 힘들게 만드는 적대적인 부분을 내보내는 것은 참자기로부터 이루어져야 하는 일이며, 반응하는 부분을 분리하고 규명하면서 참자기가 드러나게 된다. 이것은 또한 내담자가 참자기 상태가 되어도 그 적대적인 부분에 대한 내담자의 표현이 바뀌지 않는다[5]는, 또 다른 지표를 찾아낼 수 있게 한다. 일반적으로는 반응하는 부분들을 찾아내어 그 부분들이 하는 말에 귀를 기울여 주고 그 부분이 비켜주기 위해서는 무엇이 필요한지 알아 나감에 따라, 문제를 일으켜온 힘들게 하던 부분의 특성이 변화한다. 불안한 부분이 분리되고 나면 작아지기도 하고, 반항적인 부분이 분리되고 난 후 덜 냉혹해지기도 한다. 또는 취약한 부분이 분리된 후 덜 위협적으로 바뀌기도 한다. 반면, 내사된 것의 경우 반응하는 부분들을 분리하고 난 이후에도 이런 변화가 일어나지 않는다. 원래와 거의 동일한 극단적인 형태를 유지하곤 한다.

내사된 것을 다루고 있다는 증거가 많아지면 내담자로 하여금 내사된 것이라고 의심되는 그것에게 내담자 체계 내에 속하는 부분인지 물어보도록 한다. 내담자의 체계 내에 속한다고 스스로 말하는 부분이 체계 내에 속하지 않는 경우를 나는 본 적이 없다. 위

5 적대적인 부분에 대해 반응하는 부분을 찾아 분리한 후 내담자가 참자기 상태가 된 후에도 계속 그 적대적인 부분이 내 부분이 아니라고 말한다면, 내담자에게 반응하는 부분이 섞여서 그런 것이 아니라 실제로 그 적대적인 부분이 내담자의 것이 아니라는 지표가 된다는 의미이다.

의 질문에 대해 분노나 두려움, 동요하는 모습이나 종종 침묵이 이어지기도 한다. 이러한 것들은 적대적이고 두려운 것으로 경험되어져 왔으므로, 내담자가 참자기 상태에서 이런 반응을 잘 다룰 수 있도록 적절한 시기에 이 질문을 한다. 일반적인 부분들과 마찬가지로, 이러한 내사된 것들은 존재하고 싶은 욕구를 가지고 있으며, 두려움, 분노 등과 같은 감정을 지니고 있다. 그러므로 내사된 것을 규명하고 확인하고 떠나보내는 것은 짐을 내려놓도록 하는 과정과 다르다.

요약하자면, 내 경험에 의하면 내면 체계의 진짜 부분이 아닌, 지속적으로 비판적이거나 학대하는 것이 내면 체계에 들어오는 것이 드물지만 가능하다. 이러한 것들은 일반적인 부분들과 체계적으로 구별될 수 있다(다음의 글 상자 참조). 이러한 종류의 내사된 것을 다루는 작업은 세심한 주의가 필요하고, 내담자가 참자기 상태여야 하며, 가급적 어떤 신뢰할 만한 내면의 영적 자원을 갖고 있어야 한다. 이 책에서는 어떻게 그런 것들을 떠나보내는지의 구체적 방법을 포함하고 있지는 않다. 그러나 그러한 것들을 내보낼 수 있다고 아는 것만으로도 의미가 있을 것이다. 어떻게 IFS 치료를 하는지에 대해 트레이닝을 받고 상당한 경험이 있는 사람들은 그간의 작업에 더해 이런 종류의 작업을 하는 것도 가능할 테지만, 나는 먼저 이 과정에서 경험이 있는 다른 숙련된 치료사를 찾아 지도, 감독을 받는 것을 권하고 싶다. 다음 장에서는 이러한 것들을 내보내는 전체 회기를 보여 주고 그 과정의 주요 핵심적인 단계에 대해 설명할 것이다.

진짜 부분과 내사된 것을 구별하는 방법

- 내사된 것은 진짜 부분과 유사하지만 내담자의 체계에 속하지 않으며 도우려는 역할을 갖고 있지 않은 것으로 정의할 수 있다. 이러한 내사된 것은 외부로부터 유입된 것으로, 내담자가 자신의 체계에서 균형을 되찾기 위해서 떠나보낼 필요가 있다.
- 내담자에게 있어 내사된 것들은 적대적이며 두려운 것으로 경험되는 경향이 있다. 내담자 자신의 진짜 부분들 중 일부도 처음에 위와 같이 경험될 수 있으므로, 다음과 같은 사항을 탐색하고 고려하는 것이 중요하다.
  - 내사된 것으로 의심되는 것들에게 내담자를 위해 무엇을 하는지 물어보면 긍정적인 의도를 찾을 수 없다.
  - 내담자 체계에 속한 보호자 부분들은 냉혹하고 비난하며 파괴적인 형태를 갖기도 하지만 보통 내담자를 고통에서 보호하려는 목적을 갖고 있다. 때로는 시간이 걸릴 수도 있지만 긍정적인 의도를 찾을 수 있다.
  - 내사된 것들은 참자기 상태에서 보아도 크게 달라지지 않는다. 반면, 처음에는 대부분의 진짜 부분들도 겁을 먹거나 취약한 부분의 관점으로부터 보게 되므로 크고 무섭게 보이게 마련이다. 그러나 겁먹고 취약한 부분들이 분리되어 점차 내담자가 참자기의 상태가 되고 나면 무서운 보호자들은 거의 항상 작아져서 덜 무서운 존재로 보이게 된다.
  - 내담자의 체계에 속한 것인지 직접적으로 물어볼 때, 내사된 것들은 속하지 않으면 아니라고 대답할 것이고 종종 침묵하기도 한다. 때로는 이 질문이 내사된 것을 몹시 화나게 해서 동요하고 공격적으로 되기도 하므로, 내담자와 치료사가 모두 참자기 상태에 있는 동안 질문을 하는 것이 중요하다.

9장

내사된 것과의 IFS 치료 회기

내사된 것을 떠나보낸 모아나

이 회기는 내담자의 내면 체계에서 떠나는 것을 저항하던 내사된 것의 작업에 관한 것이다. 케이와의 회기에서 설명했듯이 떠나보내기가 쉽게 일어날 때도 있지만, 이 사례에서는 내사된 것이 떠나고 싶어 하지 않았기 때문에 작업이 훨씬 복잡했다. 나는 이 부분이 내사된 것이라는 것이 명확해질 때까지 회기 내에서 이것을 진짜 부분으로 취급했다.

회기는 모아나가 최근 몇 년간 겪었던 심한 두통에 초점을 맞추는 것으로부터 시작되었다. 모아나는 IFS 치료에 상당한 경험을 갖고 있었고 치료사이기 때문에 치료 과정은 빠르게 진행되었다. 나는 모아나가 내면으로 들어가도록 했고 충분한 시간을 갖고 어디에서부터 시작하고 싶은지 알아차릴 수 있도록 했다. 처음으로 그녀가 알아차린 것은 내면 작업을 하는 것을 행복하게 여기고 기뻠에 가까울 정도로 즐거움을 느끼고 있는 부분이었다. 이 부분을 더 알아 감에 따라, 이 부분이 모아나의 고통에 대해 많이 알고 있는 부분이라는 것을 알 수 있었고 모아나는 이 부분이 그녀를 돕는 것에 대해 기뻐했다. 이 부분은 모아나에게서 분리되어 나온 후에도 계속 그녀 가까이에 있어 주었다.

이 부분은 그녀에게 고통스러운 두통이 찾아왔을 때 일어나는 신체적인 감각을 보여 주었다. 모아나는 두통이 왔을 때 긴장되고 경련을 일으키는 몸의 부위를 알아차릴 수 있었다. 고통이 느껴지는 지점은 모아나의 머리, 목, 그리고 어깨였다. 그것은 마치 다른 장소에서 조절되는 고통의 연결망 같았다. 나는 그녀의 관심을 이 부위로 향하게 하고 이 부분이 형태를 가지고 있는지 물었다. 모아나는 처음에는 어둠만을 느낄 수 있었지만, 시간이 지남에 따라 부분이 명료하게 보이게 되면서 이 부분이 흙색의 눈덩이 같다고 말했다. 또한 그녀는 이것이 형태를 바꿀 수 있다는 것도 알 수 있었다.

나는 그녀가 이 부분을 좀 더 잘 이해할 수 있도록 이 부분에게 모아나로부터 조금만 떨어져 나오도록 부탁해 달라고 모아나에게 말했다. 그녀는 고통을 만들어 내는 부분이 그렇게 하는 것을 좋아하지 않아서 오른쪽 어깨에서 뒤로 움직여 근육 속으로 들어가는 것 같다고 말했다. 나는 모아나에게 이 부분에 대해 어떻게 느끼고 있는지 물었고 그녀는 그녀 안의 불안과 두려움을 알아차렸다. 그녀는 그 감정들이 고통을 만들어 내는 부분에 속한 것이라는 것을 깨달았다. 이 부분은 겁을 먹고 있었고 마치 모아나를 꽉 움켜쥔 채 놓지 않고 그녀와 연결해 있어야만 살아남는 것처럼 필사적이라는 것도 그녀는 알 수 있었다. 그래서 나는 이 부분이 모아나와 연결된 상태를 유지하는 것이 생존의 문제라고 믿고 있는 것 같다고 이야기해 주었다.

그 부분은 그게 맞다고 했다. 나는 모아나에게 이 부분을 없애려는 것이 아니고 단지 모아나가 부분을 더 잘 이해하고 도울 수 있도록 그녀와 이 부분 사이에 조금 거리를 만들려는 것이라는 것을 부분에게 전해 달라고 했다. 모아나가 말하길, 이 부분이 그 말을 듣고 좀 더 안심했고 기꺼이 약간 앞으로 떨어져 나와 그녀 앞으로 왔지만 여전히 모아나의 근육에 낚시 갈고리를 꽂아 놔야 한다고 했다. 이 부분은 모아나에게 연결된 느낌을 위해 갈고리 닻이 필요했다.

부분이 분리될 때 쫓겨나는 것으로 여겨 두려워할 수 있으므로 부분이 스스로 분리될 수 있도록 안심을 시켜 주는 것이 필요할 때가 많다. 그러나 이번처럼 근육을 꽉 붙잡고 놓지 않으려고 공격적으로 붙어 있는 것은 흔한 일은 아니어서 나는 이 특별한 부분에게 호기심을 느꼈고, 모아나의 부분이 아닐지도 모르겠다는 생각이 들었다. 모아나가 상당한 참자기 에너지를 갖고 마음이 열린 상태였음에도 불구하고 공포에 질린 발톱, 어둡고 불분명한 형태, 그리고 모아나와 이야기하고 싶어 하지 않는 모습 등의 징후들이 이 부분에게서 나타났다. 어쨌든 나는 진짜 부분에게 대하듯 계속 회기를 진행해 나갔다.

이때 나는 모아나에게 이 부분이 낚시 갈고리를 갖고 모아나와 연결되어 있는 것에 대해 어떤 느낌이 드는지 물어보았다. 그녀는 몹시 괴롭다고 말했다. 나는 모아나의 또 다른 부분인 그녀의 몸이 낚시 갈고리 때문에 정말 고통을 받았구나 하고 생각했다. 그녀는 통증을 느끼는 부분을 쉽게 발견했는데 그 부분은 고통을 어떻게 참는지 아는 모아나의 오랜 친구 같았다. 모아나는 오랫동안 만성 통증을 겪고 있었고, 이 고통을 느끼는 부분을 목격하면서 얼마나 이 부분이 지쳤는지 알 수 있었다. 나는 이 지친 부분이 모아나를 위해 그간 해 온 모든 것을 모아나가 알 수 있도록 해 주었고 이 부분이 쉴 수 있는 곳을 찾게 도와주었다. 모아나는 이 부분이 어디로 가야 할지 알고 있었다. 예전에도 극심한 고통을 한 차례 겪고 나면 그녀는 이 부분을 그곳에서 쉬게 하곤 했었다.

지친 이 부분이 휴식을 취하게 한 후, 나는 근육에 갈고리를 걸고 고통을 만들어 내는 그 부분에 모아나가 다시 집중하게 했다. 그녀가 그 부분을 다시 관찰하는 동안, 나는 연결되어 있고 싶은 것은 이해하지만 모아나에게 너무 많은 고통을 만들어 내니 다른 방법을 찾아보면 어떻겠냐고 그 부분에게 모아나가 물어보도록 했다. 그 부분은 제안을 받아들였고 모아나의 집게손가락에 국한해 고통을 느끼게 하는 것으로 점점 줄어들기 시작했다. 모아나는 그 부분과 아직 연결된 곳이 있긴 하지만 지금은 그렇게 고통스럽지 않다고 말해 주었다. 아직 그 부분이 그녀를 끌어당기고 있다고 했지만 몸의 다른 부분에서 고통이 느껴지지는 않아서 정말 다행이었다. 고통이 가라앉으면서 그녀는 많은 움직임을 느끼고 있다고 내게 알려 주었다. 나는 그녀의 몸에서 무슨 일이 일어나고 있는지 알아차려 보라고 요청했다. 모아나는 그 부분과 연결되어 있던 머리, 목, 어깨의 모든 부위가 지속적으로 통증을 느껴 왔어서 감각이 없다고 말했다. 그녀는 이러한 부위가 아주 천천히 다시 살아날 필요가 있다고도 했다.

그 후 모아나는 두 가지 일이 동시에 일어나고 있다고 했다. 감각이 없는 부위가 다시 살아나면서 빛이 그 부위 안으로 들어오고 있었고, 동시에 고통을 주는 그 부분은 숲이 우거진 곳으로 더 멀리 가고 있었다. 고통을 주는 그 부분이 자신을 보여 주기를 원하지 않는다고 그녀는 말해 주었다. 그러자 모아나는 고통을 주는 그 부분이 비겁하다고 말하는, 자신 안의 또 다른 부분을 알아차렸다. 나는 모아나에게 그 비겁하다고 말하는 부분을 관찰해 보도록 했고 모아나는 이 부분이 그녀의 한 보호자 부분임을 알 수 있었다. 이 보호자 부분을 인정해 주자 보호자는 기꺼이 뒤로 물러났지만, 도망치는 것이 비겁하다고 생각하는 걸 고통을 만들어 내는 부분에게 전해 주길 원했다. 고통을 주는 부분이 숨은 채로 그 말을 들었다.

나는 비겁하게 도망가고 있다는 걸 말해 주는 게 왜 그렇게 그 보호자에게 중요한지 궁금했기에, 모아나로 하여금 물어봐 달라고 부탁했다. 보호자는 비겁함이 그 부분의 본질과 관련이 있기 때문에 중요하다고 말해 주었다. 나는 이 비겁한 부분을 모아나가 좀 더 잘 이해할 수 있으면 좋을 것 같다고 모아나로 하여금 보호자에게 전하게 했다. 또한 보호자가 물러서면 좀 더 쉽게 비겁한 그 부분을 만나 이해할 수 있을 테니, 조금 비켜나 줄 수 있는지 모아나에게 물어보도록 했다. 보호자가 알겠다고 하고 뒤로 물러나면서 도망치던 그 부분이 숲속에서 조금 나와서 자신을 드러낼 수 있었다. 이는 모아나의 참자기 에너지가 더 커졌다는 것을 암시하는 것이었다. 그러고 난 후, 나는 모아나가 비겁한 이 부분을 좀 더 잘 이해할 수 있도록 그녀와 이 부분이 만날 수 있는 편안한 장소를 찾아 달라고 모아나에게 말했다. 그녀는 이 부분과 얼마나 가까이 있을지 결정할 시간을 충분히 가질 수 있었다. 그래서 이 부분도 두려워하지 않고 그녀와 함께할 수 있었으며 그녀는 참자기 상태를 유지할 수 있었다.

나는 이 부분이 어쩌면 내사된 것일지도 모르고 그녀가 이것[1]과 만나는 것이 긴장될 수 있다고 직감적으로 느꼈다. 그래서 모아나에게 잠시 시간을 내어 자신의 호흡에 집중하게 한 다음 그녀가 자신이 믿고 따르는 영적 인도자와 연결할 것을 제안했다. 나는 그녀가 그러한 자원을 가지고 있고 영적 인도자와의 연결을 편안하게 느끼는 것을 알고 있었다. 몇 차례 호흡하고 난 후 모아나는 그녀가 영적 인도자와 연결되어 있다고 알려 주었다. 그 후 다음 단계로 어떤 것을 해야 할지 그녀의 영적 인도자에게 물어보도록 했는데, 고통을 만들어 내는 그것을 알아보는 것이라고 그녀는 대답했다. 모아나는 고통을 만들어 내는 그것이 숨고 싶어 한다는 것을 알아차렸는데, 그녀가 수용과 연민으로 그것을 바라보고 있었기에 그런데도 왜 숨고 싶어 하는지 이해할 수 없었다. 그녀가 그것을 어떻게 보고 있는지에 상관없이, 고통을 만들어 내는 그것에게는 숨는 것이 본성인 것처럼 보였다. 더 잘 이해하기 위해, 나는 모습을 보이면 어떤 일이 일어날 것을 두려워하는지 그것에게 물어봐 달라고 했다. 모아나는 파괴되는 것을 두려워한다고 내게 전해 주었다. 나는 모아나에게 이 비겁하고 고통을 만들어 내

1 부분이 아닌 내사된 것으로 보고 진행하기 시작했으므로, 이 이후로는 부분 대신 '그것' 또는 '이것'으로 번역하였다.

는 것을 없애고 싶어 하는 다른 부분이 있는지 그녀의 내면을 다시 한번 확인하도록 했다. 자신의 내면을 확인한 후, 모아나는 그런 부분이 자신 안에 존재하지 않는다고 말해 주었다.

나는 이제 이것이 그녀의 것이 아니라는 것을 더욱 확신하고 있었다. 그 징후 중 하나는 모아나가 참자기 상태에서 마음을 열고 큰 연민을 느끼고 있었음에도 불구하고 이것의 반응이 변하지 않았다는 것이다. 거의 대부분의 진짜 부분은 그 부분에 양극화되어 있는 부분이 뒤로 물러나고 내담자가 참자기 상태로 그 진짜 부분을 목격하고 있을 때, 어느 정도 변화를 보인다.

나는 그녀가 이것을 보면서 어떤 느낌이 드는지 다시 확인했다. 모아나는 이것이 너무 무서워하면서 공황 상태에 빠져 있기 때문에 큰 연민을 느낀다고 말했다. 이때 나는 모아나에게 이것이 모아나 자신의 것인지 확인해 달라고 했다. 그녀가 이것에게 그 질문을 했을 때 이것은 공황 상태에 빠졌고 고통이 다시 증가해서 모아나는 숨을 쉬기 어려워했다. 나는 "이것이 그 질문을 좋아하지 않네요."라고 말해 주었고, 그녀 역시 그렇다고 내게 답해 주었다. 이제 모아나는 숨을 쉬기 위해 정말 고군분투하고 있었다. 그녀는 그 질문이 '죽음과의 싸움'을 활성화시켰다고 말했다. 이것이 모아나를 휘감아서 그녀는 숨을 쉴 수 없었다.

내사된 것이 이런 질문을 받을 때 보통은 이 사례처럼 강렬하게 반응하지는 않는다. 하지만 가끔은 반응이 강하게 나타나기도 한다. 질문을 받은 이러한 내사된 것들은 일반적으로 어떤 식으로든 내면 체계에 소속되지 않은 것이라는 반응을 보이기 마련이다. 질문을 받은 후 동요하거나 침묵하거나 그냥 떠날 수도 있다. 체계에 속하지 않는 것이 속한다고 말하는 경우를 나는 본 적이 없다. 만약 그것이 침묵하거나 대답이 명확하지 않다면 나는 내담자가 참자기 상태일 때 내담자에게 직접 물어본다. 이것을 내담자의 부분으로 믿고 있는지 참자기 상태의 내담자에게 물어보면 답은 대개 속한다, 또는 속한 것이 아니다라는 식으로 아주 명확하다. 만약 이것이 진짜 부분이 아니라고 판단되면 나는 내담자에게 이 내사된 것을 떠나보낼 준비가 되어 있는지 묻는다. 준비가 되어 있다고 하면, 나는 내담자 안에 이것이 떠나가는 걸 걱정하는 다른 부분이 있는지, 또는 이것이 갈 길로 가라고 하기 전에 알아야 하거나 해야 할 다른 무언가가 있는지 확인하도록 한다.

내담자가 열린 마음의 참자기 상태가 되면, 나는 내담자에게 이것이 떠날 준비가 되었는지 물어보도록 한다. 가끔 내사된 것은 자신이 살아남기 위해서는 내담자에게 붙어 있어야 한다고 여기는데, 그러면 모아나의 사례처럼 내담자를 공황 상태에 빠지게 할 수 있다. 그 경우 내담자가 참자기 상태에 머물게 하는 것과 그 과정에서 도움을 줄 수 있도록 불러올 수 있는 영적인 인도자라는 자원을 가진 것이 매우 중요하다. 나는 이러한 내사된 것들이 되돌아가야 할 곳으로 갈 때 어떻게 동행해 줄지 알고 있는 영석 인도자를 초대하는 절차를 개발해 왔다. 나는 내사된 것에게, 떠나간다고 해서 파괴되는 것이 아니라 사실상 이제는 내사된 것이 자신만의 여정을 이어 나가게 되는 것이라고 안심시킨다. 내담자에게 자신의 영적 인도자들을 초대해 오도록 하고, 내 영적 자원도 초대해 와서 작업에 힘을 보탠다. 모아나와의 회기에서 벌어진 상황은 내가 그간 치료 작업을 하면서 겪었던 가장 강한 반응 중 하나였다.

나는 내사된 것이 비슷하게 반응하는 경우를 이전에 본 경험이 있어서, 모아나에게 이것이 모아나에게서 떨어져 나가면 존재가 소멸될 것이라고 믿는지 물어보도록 했다. 그것은 그렇다고 대답했다. 그것이 모아나의 체계에 속하지 않는다는 것이 분명했다. 그것이 모아나에게 미치는 영향을 고려했을 때 나는 그 과정에서 좀 더 지시적일 필요가 있었다. 나는 그것이 나와 모아나가 나누는 이야기를 '엿들을' 거라고 가정하고선, 이 내사된 것이 자신의 여정을 이어 나가도록 돕는 방법을 내가 알고 있으며 그렇게 떠나가도 파괴되지 않을 것임을 모아나에게 알려 주었다. 나는 이러한 상황에 도움이 된다고 내가 알고 있는 영적 인도자를 초대해 오려 했고 그것에 대해 모아나의 허락을 구했다. 모아나는 동의했지만 내사된 것을 떠나보내기 전에 그녀 안에 있는 다른 부분들을 먼저 확인하고 싶어 했다.

얼마 후, 그녀는 자신의 부분 중 한 부분이 왜 이 내사된 것이 모아나 안에 있었는지 알고 싶어 했다고 말해 주었다. 나는 그 질문을 해 주어서 고맙다고 이 부분에게 감사를 표했고, 내사된 것이 떠나기 전에 어떤 부분이든 뭔가 필요한 것이 있는지 물어보았다. 모아나는 이 내사된 것이, 떠나가기 전에 스스로를 드러내 보여주고 싶어 한다고 말했다. 이 질문을 한 뒤 부분들의 분위기가 완전히 바뀌었다. 내사된 것은 내가 모아나한테 한 말을 듣고 있었고, 그녀와의 연결을 잃어버려도 파괴되지 않을 것이라는 것을 이해했다. 모아나는 이제 숨을 쉴 수 있게 되었고 다시 참자기 상태로 돌아가 자신의 진짜 부분들이 필요한 것이 무엇인지 말할 수 있도록 하고 있었다. 또한 그 과정을 도울 수 있는 영적 에너지가 존재한다는 것이 전체 분위기를 부드럽게 만들고 있었다.

내사된 것은 이제 떠나기 전에 스스로를 보여 주고 싶어 했고 자신에게 연민을 갖고 다가와 주길 바라고 있었다. 흥미롭게도 그 원하는 것들이 바로 처음에는 그렇게 될까 봐 몹시 두려워했던 것들이었다. 과정이 진행될수록 그것이 점점 보이게 되었는데 모아나는 그것이 매우 고약한 미소를 짓고 있다는 것을 알 수 있었고, 그녀는 숨이 막히는 느낌이었다. 모아나는 깊게 숨을 쉬었고, 그것이 연민 어린 미소로 자신을 봐 주길 원한다고 말했다. 긴 침묵의 시간이 이어졌다.

나는 그녀가 충분히 머무를 수 있게 해 주었고 무엇이 일어나야 할지 그녀가 직관을 따르도록 지지해 주었다. 모아나는 그것이 자신에 대해 더 알아줬으면 하는 게 있는지 그것에게 물어보았다. 그것은 그녀에게 말로 표현할 수 없는 무언가를 보여 주었다. 그것은 달의 뒷면 같은 것이었다.

그녀는 "밝은 빛과 어두운 암흑이 존재하며 이것을 보고, 이 둘이 함께 어우러져 있다는 것을 이해해야 한다고 하네요." 하고 말했다.

나는 그녀가 더 보고 들어야 하는 것이 있는지 확인해 보았다. 확인해 보니 더 이상 없는 것 같아, 그것이 떠나가는 데에 필요한 것이 뭐가 있는지 나는 모아나에게 물어보았다.

모아나는 "제가 그냥 자기를 사랑스럽게 봐 주기만 하면 된다고 해요……. 어디로 갈지 알고 싶어 하고요."라고 내게 알려 주었다.

이때 나는 이 과정을 함께 동행하고 있는 영적 인도자를 그것이 인지하고 있는지 모아나로 하여금 물어보게 했다. 그녀는 인도자를 초대해 왔을 때부터 이미 이것이 인지하고 있었다고 전해 주었다. 나는 영적 인도자의 빛을 신뢰하기 위해서는 이것에게 어떤 것이 필요한지 물어보았다. 그 질문과 함께, 마치 담요를 두르고 잠자리에 드는 것처럼 이것은 스스로를 빛으로 휘감기 시작했다.

그녀가 계속해서 말했다.

그리고 이제 내 손가락에 아직 걸고 있는 갈고리를 언제 빼낼지 결정해야 한대요. 갈고리를 풀기 전에, 자신을 기억할 수 있도록 뭔가 상징할 수 있는 걸 남기고 싶어 하네요.

그것이 상징으로 뭘 원하고 있는지 물었더니, 모아나는 그녀가 기존에 가지고 있던 검은색 돌을 원하고 있다고 말했다. 그것은 매우 매끄러웠고, 빛을 받아 희미하게 빛나는 검은 돌이었다.

이것이 다시 자신을 찾을 수 있는 공간이 바로 이 돌이에요. 그리고 이 돌은 제 명상 공간에 있어야 해요.

그 후 한참 동안 긴 침묵이 흘렀고 마침내 그녀는 이렇게 이야기했다.

이것이 그간 함께했던 시간이 너무나도 길어서, 다들 이것이 저의 체계에 속한 것이라고 믿었다고 해요. 그래서 제 안의 다른 부분들이 이것에게 작별 인사를 하러 왔어요. 몇몇이 더 작별을 고하러 오고 있어요. 얼마나 다른 부분들이 자기를 사랑하고 있는지, 그리고 자기를 두려워하지 않고 기꺼이 만나러 와 줬는지 알 수 있어서 이 순간이 이것에게 너무너무 중요하다고 해요……. 이제 떠나가고 있어요. 잠깐 동안 머물면서, 저를 발톱으로 움켜쥐지 않아도 존재할 수 있다는 걸 경험하고 있어요.

다시 모아나가 이야기할 때까지 또다시 긴 침묵이 흘렀다.

아주 깊은 평화가 느껴져요. 그것이 빛에 휩싸여 지금은 꽤 멀리 있어요. 이제 제가 돌아와도 될 거 같아요……. 그리고 그동안 부분들에게 고정된 위치가 없었는데, 이제 모든 부분이 스스로 위치를 바꾸고 있어요. 이전에 그것이 있었던 공간을 채우고 있어요. 너무 평화로워요. 이 마음으로 오늘 나머지 시간을 보낼 수 있을 거 같아요.

내 경험에 의하면, 바로 이런 시점에 위와 같은 몹시 평화로운 상태가 종종 생겨난다. 내가 보기에는 이러한 내사된 것들을 떠나보내면서, 그동안 내담자를 묶어 두고 있던 매듭이 풀리고 영적으로 완전히 개방이 되어 영성 에너지가 자유롭게 유입되고 흐를 수 있게 되었기 때문으로 보인다. 이런 것들을 내보내고 나면 진짜 부분들은 그간 해 오던 내사된 것으로부터의 보호를 더 이상 하지 않아도 되고, 그것이 빠져나간 자리를 채우며 스스로 위치를 바꿀 수도 있다. 그것이 빠져나간 공간은 전통적인 짐 내려놓기 과정에서와 마찬가지로 다른 에너지로 채워질 수 있다. 이러한 특별한 시간은 시간이 허락한다면 잠시라도 머물러 감동을 음미하기 좋은 매우 신성한 순간들 같다. 내담자가 이 순간들을 기억하고 후에 다시 연결하는 데 도움이 될 것이 무엇이 있을지 논의하는 것도 좋다.

잠시 후, 그녀는 다음과 같이 말해 주었다.

> 그것은 아직 빛에 휩싸여 있는데, 언젠가는 거기를 떠나야 한대요. 아주 천천히 움직이고 있어요. 빛이 그것을 잘 감싸서 위로 데려가고 있어요……. 위로 올라가면서 점점 커지고 있어요. 저뿐만 아니라 여기 저랑 같이 있는 다른 부분들에게서도 계속 뭔가가 나와서 그것에게 더해지고 있어요.

이 과정을 통해 처음에는 그토록 사악해 보이던 내사된 것이 일종의 치유를 경험하게 되었다. 그것은 떠나보내지면 소멸될까 봐 두려워했고 빛을 무서워했다. 그것이 점차 안심하게 되고 빛에 대해 스스로 충분히 알아 감에 따라, 돌봄을 받으면서 자신이 가야 할 곳으로 가는 느낌을 받는 것으로 보였다. 이 사례에서처럼 내사된 것의 치유가 항상 일어나는 것은 아니다. 때로는 그저 가야 할 곳으로 가 버리기도 한다. 모아나는 떠나보내진 그것과 유사한 에너지들이 함께 빛 속으로 방출되는 모습을 묘사했다. 이와 같은 순간에는 개인적 치유뿐만 아니라 집단적 치유도 이루어지는 것 같다. 이는 채디가 자신의 작업에서 경험한 조상의 치유와 유사하며, 비슷한 회기들에서 그런 치유가 일어나는 것을 나는 반복해서 경험해 왔다.

이제 내사된 것이 가야 할 곳으로 갔기 때문에, 나는 모아나의 내면 체계에서 어떤 일이 일어날 필요가 있는지 다시 관심을 그쪽에 돌렸다.

모아나: (긴 침묵) 정말 깊은 평화와 명료함이 생겼어요. 이 느낌이 제게 남을 거예요.

톰: 이제, 그것이 있던 공간에 당신이 원하는 에너지가 흘러 들어가는 것을 상상해 보세요. 당신의 나머지 부분들에게도요.

모아나: 네, 아름답네요. 멋지게 느껴지고요. …… 훨씬 더 많은 빛이 있어요.

톰: 이제 이 작업을 마무리 짓기 위해 더 필요한 것이 있나요?

모아나: 아니요, 좋아요……. 떠난 그것을 내면의 시선으로 계속 지켜보면서, 미처 보지 못한 것이 뭔지 좀 살펴보는 것이 좋을까요? 그리고 이렇게 부분들이 변화하고 이동하는 과정을 계속 지켜보는 것도요.

모아나는 회기가 시작되었을 때 상당한 고통을 겪었는데 우리가 그것을 규명해 내고 난 후 고통이 심해졌고, 특히 그것이 그녀의 근육에 발톱을 세웠을 때 그 고통이 극심했었다고 나중에 말해 주었다. 그것이 모아나의 손가락에만 연결되어 있을 정도로 분리되었을 때에야 비로소 통증이 가라앉았고 그녀가 내면 작업을 계속할 수 있을 정도가 되었다. 몇 달 후 모아나는 그것을 내보내고 나서 그간 여러 해 동안 느껴 왔던 그런 종류의 고통을 이제는 더 이상 경험하지 않고 있다고 내게 말해 주었다.

모아나와 나는 이 작업이 흔한 경우는 아니지만 이 내사된 것과의 작업 경험을 남들과 공유하는 것이 중요하다고 느꼈다. 모아나의 내사된 것에 대해 작업한 것이 그녀가 수년 동안 겪어 왔던 극심한 고통에서 벗어나게 한 열쇠처럼 보였다. 이 작업은 일반적인 IFS 치료와 다르다. 내사된 것은 진짜 부분이 아니므로 결국 모아나의 체계에서 내보냈어야 했기 때문이다. 이 작업은 일반적인 치료 과정을 따르지 않는 내면 작업에 어떻게 IFS 치료의 기본 원칙을 적용할 수 있는지 보여 준다.

왜 이 내사된 것이 자신의 체계에 들어와 함께하게 되었는지에 대해 모아나는 확실한 메시지를 얻지는 못했다. 하지만 이 부분이 떠나기 전 공유하고 싶어 하는 메시지, 즉 기억해 줬으면 하는 중요한 메시지가 있었다. 그것은 무언의 메시지였지만 달의 어두운 면과 같이 어둠과 관련이 있는 것이었다. 모아나에게 있어 그 검은색 돌은 그녀가 내사된 것으로부터의 메시지에서 이해한 것을 기억하는 방법이었다.

나는 이것이 그녀가 가족으로부터 받은 일종의 대물림된 짐이 아닌가 하는 생각이 들었다. 내면 작업이 끝난 후, 나는 모아나에게 그것이 어디에서 왔을지 아느냐고 물어보았다. 모아나는 그녀의 가족사를 보면, 직접적인 가해자는 아니었지만 나치 치하에서 가족들이 이익을 얻는 일을 했었다고 알려 주었다. 그것이 모아나의 부분들이 그 내사된 것에 대해 말하던 비겁함과 사악한 느낌의 근원일지도 모른다.

이 장을 집필하면서 나는 모아나에게 이것에 대해 더 이야기해 줄 수 있는 것이 있는지 물어보았다. 모아나는 다음과 같이 알려 주었다.

우리 가족의 한쪽은 나의 증조할아버지와 그의 큰딸이자 내가 어릴 때 함께 살았던 나의 할머니를 통해 나치 이데올로기와 아주 밀접하게 연결되어 있었다. 이는 명백히 드러나게 이루어진 것이 아니라 은밀하게 행해졌다. 이들은 유대인들의 고통으로부터 경제적 풍요와 제도의 혜택을 누렸다. 동시에 할머니는 다른 많은 사람처럼 자신도 '전혀 아무것도 몰랐다'고 강조하곤 했다. 이 비겁한 이중 잣대는 우리 가족의 체계에 깊이 뿌리내리고 있었고 모든 영역에 뻗어 있었는데, 겉모습은 고상해 보였지만 그 이면에는 두려운 진실이 있었다. 어떤 것도 보일 수 없었고 나쁜 영향이 미칠 만한 것은 아무것도 드러내선 안 되었다. 약자들은 보호받지도, 지켜지지도 않았다. 비겁하고 사악한 면모를 가진 이 내사된 것은 나를 형성한 여러 사람의 태도를 반영하고 있었다. 또한 나는 이 부분을 다루면서 내가 치료사로서의 치료 작업에 적용할 수 있는 많은 것들을 배울 수 있었다.

나는 심각하고 때로는 오래 지속되는 정신적 트라우마를 타인으로부터 경험한 이들을 치료사로서 만나게 된다. 그들을 만나면서 나는 사람이 같은 사람에게, 더 나아가 아이들에게까지 그런 짓을 할 수 있었다는 것을 믿기 어려울 때가 많다.

톰과 이번 내면 작업을 한 이후에, 나는 그러한 행동을 하는 어두운 이면에 얼마나 많은 두려움이 있는지 완전히 다른 차원에서 이해할 수 있었다. 이것은 내가 치료 작업을 하면서 계속 대면하게 되는 '사악함'에 대해 완전히 달리 대할 수 있게 해 주었다. 악행을 저

> 지른 사악함의 이면에는 흔히 깊은 두려움과 비겁함이 자리하고 있지만, 어쩌면 연민 어린 시선으로 바라 봐 주기를 바라는 갈망도 있을 수 있겠다는 인식이 생겼다. 이러한 인식은 치료 작업을 할 때 내 부분들이 더 쉽게 참자기의 마음으로 사악함을 바라볼 수 있게 한다. 이것은 달의 어두운 면을 수용하고 받아들이는 것과 같으며, 그 이미지는 내게 큰 도움이 된다. 내가 빛을 향해 나아가 그 빛이 나를 통해 흐르며 내 열린 마음이 확장될 때, 빛을 피하면서도 동시에 그 빛을 갈망하는 존재들에게도 머물 자리가 생길 수 있다. 이번 내면 작업 이후 내 명상실에 놓여 있는 돌이 그것을 상징한다.

몇 년 동안 나는 이런 종류의 경험들이 어떤 이상하고 난해한 마법 같은 생각으로 보이지나 않을까 우려해서 이야기하기를 꺼려 했다. 또한 사람들이 어디에서나 내사된 것을 보기 시작하고, 실제로는 내면 체계에 속하는데도 부분을 '나쁜' 것으로 규정하고는 그 부분을 없애 버리려고 할까 봐 걱정했다. 그러나 내사된 것을 떠나보내고 난 후 얼마나 자유롭게 되는지를 보고 난 후, 이러한 내사된 것의 존재 가능성에 대해 나는 고급 단계의 워크숍에서 더 공개적으로 이야기하기 시작했다. 여러 해 동안 함께 작업해 온 집단에서 처음으로 이것을 언급한 후, 참가자인 레나테가 내게 와서 자신 안에 이런 것이 있다고 생각한다고 말했다. 나는 레나테가 어렸을 때 나치였던 부모님에게서 전쟁이 끝난 후 극도로 잔인한 일을 겪었었다는 것을 잘 알고 있었다. 나는 그녀가 그들에게서 매우 부정적인 에너지 패턴을 흡수했다는 것에 놀라지 않았다. 레나테는 여러 해 동안 **치유자를 위한 치유** 주말 워크숍에 참석해서 내면 작업을 많이 해 왔고, 충분한 참자기 에너지와 신뢰할 만한 영적 자원도 갖고 있었다. 그러므로 이러한 것들을 확인하기 위한 회기를 그녀와 갖는 것에 대해 나는 편한 느낌이 들었다.

짧지만 강력한 회기는 레나테에게 큰 영향을 주었고, 그녀는 매우 고마워했다. 그 후 나는 자신의 경험에 대해 글을 써 줄 수 있는지 그녀에게 물어보았다. 그때의 경험에 대해 레나테가 쓴 다음의 글에서, 회기를 진행하는 동안 내가 별로 한 것이 없었고 그녀 자신이 스스로의 영적 근원을 이용해 이 어두운 에너지를 내보냈다는 것을 알 수 있을 것이다. 가장 중요한 것은 그녀가 참자기 상태에서 작업을 시작해 처음에는 취약한 부분들이 안전한 장소에 있을 수 있게 했고, 그 후에 자신의 영적 근원과 연결되었다는 것이다. 레나테는 어두운 에너지를 떠나보낸 과정과 그것이 자신의 전반적인 내면 작업에 어떻게 들어맞았는지에 대해 썼다. 다음의 글은 내사된 것을 가지고 작업하는 것이 일반적인 IFS 치료와 어떻게 다른지 나타내고 있다.

내사된 것을 떠나보낸 레나테의 경험

나는 이제 67세가 되었고 오랜 직장 생활을 하다 최근 은퇴를 했다. 천직이기도 했던 그 직업을 내가 가질 수 있었던 것은 큰 행운이었다. (그녀는 다양한 장애를 가진 아이들을 위한 거주 시설에서 일하면서 불치병에 걸린 아이들을 돌보기도 했다.)

나는 이제 내 예술에 더 집중할 수 있는 시기가 오기를 기대하고 있다.

내 나이 47세일 때부터 나는 내면의 하위인격들(subpersonality)[2]을 작업하기 위해 톰 홈스의 세미나에 참석해 왔다. 그렇게 하면서 내 자신에 대해 많은 것을 배웠고, 많은 부분에서 스스로를 더 사랑하고 인내할 수 있었으며, 동료들에게 더 여유롭고 관대해질 수 있었다. 특히 어린 시절과 청소년기에 매우 깊은 트라우마를 경험했던 내 안의 부분들이 필요한 관심을 받게 되었을 때 내게 힘이 생겨나는 것을 느꼈다. 또한 나는 내 영성을 부정하지 않고 온전히 경험할 수 있었기 때문에, 내 안에서 용기와 힘, 그리고 자신감도 찾을 수 있었다.

나는 분명히 이제 '살아 있는' 것 같았고 더 이상 그저 트라우마에서 살아남은 '생존자'가 아니라는 느낌이 들었다. 그럼에도 불구하고, 뭔가에 '사로잡힌 것 같은(possessed)'[3] 느낌이 나를 엄습하는 상황들이 항상 있었다. 나를 마비시키고, 위축시키고 무력감으로 가득 차게 하는 부분들이 활성화되곤 했다. 그런 일이 있은 후, 나는 그것이 내 성격적인 부분 때문에 그런 것이 아니라는 확신이 들었다. 그 후 참가했던 세미나에서 톰은 그것이 나의 체계 안에 있는 부분들일 수 있다고 말해 주었지만, 그것은 내 것이 아니었다. 나는 톰에게 내게 내 부분이 아닌 것이 있는 것 같다고 말했고, 톰

2 아사지올리의 정신통합이론에서 나온 용어이며 IFS 치료에서의 부분과 같은 의미이다.

3 빙의가 된 것을 가리키기도 한다. 여기에서는 문맥상 빙의보다는 사로잡힌 것으로 번역했다.

은 그럴 가능성이 있는지 주말 동안 함께 작업을 해 보자고 제안했다.

내면 작업을 시작한 후 오래지 않아 내 부분을 만날 수 있었는데, 나는 내 부분들을 환영하며 맞아 주었고 부분들이 기다릴 안전한 장소를 찾을 수 있게 도와주었다. 그 후 톰은 내가 영적인 인도자를 내면에 초대하도록 해 주었다. 그런 다음, 이번에는 톰은 때때로 나를 사로잡는 것 같았던 감정들에 집중하도록 했다. 차갑고 경직된 감각과 몸이 마비될 것 같은 어둠이 나타났다. 그러자 톰은 이 차가운 어둠이 어떤 형태를 갖고 있는지 물었다. 나는 꽤 가까운 곳에 두 개의 위압적인 기둥이 솟아오르는 것을 아주 선명하게 볼 수 있었다. 그 기둥들은 오싹할 정도로 기이했고, 아주 짙은 검은색에 네모난 형태였으며 표면은 매끄러웠다. 그 순간에는 심연 같은 두려움과 어둠, 그리고 세상을 뒤덮는 차가움만이 존재했고, 이 모든 것이 나를 완전히 가두는 듯했다. 그 순간은 찰나였지만 끝이 없이 길었고 태곳적 죽음의 위협을 느낄 수 있었다.

이 감각은 갑자기 사라졌다. 먼저 머릿속을 울리던 고통스러운 웅웅거리는 침묵이 사라졌고, 그 후 나는 내가 미세하고 약하게 숨을 쉬고 있는 것을 느꼈다. 두 줄기의 무한히 밝은 빛의 다발이 하늘에서 쏟아져 내렸고, 마치 손가락으로 살짝 톡 치는 것처럼 기둥들을 아주 잠깐 스쳤다. 그 돌들은 내부에서부터 빛나기 시작했고, 바깥으로 빛을 발산하기 시작했다. 나는 그것이 얼마나 놀랍게 보이는지 여실히 느끼고 있었다. 짙은 어둠과 검은 기둥들은 여전히 그 자리에 있었지만, 동시에 나는 그 거대한 기둥들이 놀라운 빛을 쏟아 내어 그 빛이 방 안을 가득 채우는 것에 가벼워짐을 느꼈다. 그 후 돌기둥들은 어디로 갔는지 알 수도 없이 사라져 버렸다.

그 신성한 순간, 나는 이 어둠이 내 부분이 아니라 증오와 폭력, 죽음의 위협으로 나를 대했던 내 부모님의 것이었다는 것을 알 수 있었다. 이 순간, 나는 처음으로 내 부모님의 참된 영혼을 느낄 수 있었다. 그들이 이 어둠에 사로잡혔었다는 것과 이 어둠은 그들의 본질적인 본성의 일부가 아니었다는 것을 나는 알 수 있었다. 엄청난 행복이 나를 가득 채웠다. 세상의 온갖 부처들이 미소 지으며 내게 사랑을 보내 주었고 나는 빛으로 가득 찬 모든 생명의 무한한 위대함을 느꼈다! 그때로부터 2년이 지난 지금도 나는 매일 깊은 감사를 느낀다. 나는 두려움 없이 자유롭다. 내 자신과 내면의 부분들과 접촉하며, 나는 두려움 없이 자유롭게 해결책을 찾고 믿음으로 그것을 실천에 옮기고 있다.

나는 이 과거로부터 벗어났다.

이 어두운 에너지들로부터 해방되는 것이 그녀에게 얼마나 중요했는지 알기 때문에 나는 다음의 이야기를 여기서 함께 나누려 한다. 이 에너지들은 부모님이 그녀에게 자행한 죽음의 위협과 폭력적인 행동들을 통해 그녀의 체계 안으로 들어왔다. 내면에 자신에게 속하지 않은 것들이 있을 수 있다는 것을 깨닫는 것은 그녀에게 중요한 일이었다. 이것은 그녀를 압도하곤 했던 상태를 다루는 작업에 초점을 맞추도록 해 주었다. 그간 압도해 오던 이런 것들이 내사된 것들이라는 것을 그녀가 깨닫자마자, 이런 것들을 매우 빠르게 밖으로 떠나보낼 수 있었다. 레나테가 이미 IFS 치료에 대한 경험이 있었던 것과 영적 자원에 접촉해 있었던 것이 도움이 되었다. 하지만 그간의 IFS 치료가 레나테에게 도움이 되어 왔겠지만, 이 내사된 것들을 내보낼 수 없었다면 그녀는 그것들에서 해방된 후 느끼게 된 엄청난 기쁨과 편안함을 경험하지는 못했을 것이다.

내사된 것을 작업하는 것은 내면 체계에 붙어 불균형을 초래하던 에너지로부터 자유로워질 수 있게 한다. 어떤 경우에는 이러한 내사된 것 역시 치유를 찾아가는 경우도 있다. 모아나의 작업이 그러했다. 그러나 레나테나 케이의 사례처럼, 그냥 떠나 버리기 때문에 어디로 갔는지 많이 알지 못하게 되는 경우도 있다. 어떤 경우에든, 이렇게 내사된 것이 떠나가고 나면 그 사람의 체계 전체가 깊은 안도감을 느끼게 되곤 한다. 그 사람은 종종 이러한 내사된 것으로부터 보호하는 일을 수년간 해 온 부분들을 갖고 있기 쉬운데, 이제 그 부분들이 휴식을 취하고 새로운 역할을 찾을 수 있게 된다. 이러한 변화는 매우 지대한 영향을 미치게 되므로, 내사된 것이 존재한다는 것을 인정해 주고 내보낼 수 있도록 하는 것이 중요하다.

10장

세상으로 나아가는 열린 마음의 여정

오랫동안 심리치료 전문가들을 돕는 트레이너로 활동하면서 나에게는 하나의 질문이 항상 있었다. 어떻게 하면 사람들이 고통 속에서도 현존할 수 있게, 그리고 치료적 특성들을 지속 가능한 방식으로 유지할 수 있게 도울 수 있을까? 우리는 이미 연구를 통해 이 치료적인 특성이 관계를 유지하는 데에 중요하다는 것을 알고 있다. 연구에 의하면, 수용, 비판단, 무조건적 긍정적 관심, 정확한 공감, 치료사 내담자 간 상호 존중과 신뢰가 치료 과정에서 긍정적인 결과를 예측하게 하는 가장 큰 요소이다(Duncan, Miller, Wampold, & Hubble, 2010). 시간이 흐르면서 내게 분명해진 것은, 이것들이 숙달되어야 할 지적인 개념들이 아니라 열린 마음의 특성들이라는 것이다. 하지만 학계에서 가르치는 것의 대부분은 지적인 개념과 관련되어 있다.

나는 영적 전승에서 수천 년 동안 열린 마음의 특성을 일깨우는 방법들을 연구해 왔다는 것을 알고 있었기 때문에, 일반적인 '열린 마음의 치유 여정'과 틱낫한이 제시한 '참사랑'의 불교적 특성들을 연구하기 시작했다. 이 두 전통은 모두 열린 마음의 특성을 일깨우고 배양하는 다양한 방법을 가지고 있다. 내가 IFS를 발견했을 때, 나는 내 영적 여정에서 발견했던 '열린 마음의 치유 여정'과 완벽하게 부합하는 심리적 치료 모델을 발견했다고 느꼈다. 의식적으로 영적이 되려고 노력하지 않아도, IFS에서 참자기를 전경으로 나오게 하는 과정은 자동적으로 열린 마음의 자리를 만들고 그러한 특성들을 일깨운다. 치료사가 '열린 마음'인 참자기의 자리로부터 치료를 할 수 있게 되면 이러한 치료적 조건들을 막을 수 있는 부분들, 예를 들어 치료사의 판단 및 비판적인 부분들은 더 이상 활성화되지 않는다. 또한 내면 작업은 치료사가 내담자의 고통을 마주할 때 소진으로 이어질 수 있는 부분들의 짐을 덜어 줄 수 있다.

나는 이 책에서 언급한 치료 회기가, IFS 치료가 어떻게 영적 자원과 결합하는지를 치료사들에게 알려 주어, 그들이 진정한 연민과 지속 가능성을 갖고 치유 작업을 해 나가는 데에 도움이 될 것이라고 믿는다. 6장에서 채디의 IFS 치료 여정이 이를 분명히 보여 주었다. 이제 어떻게 그의 내면 작업이 열린 마음의 치유적 특성으로 세상을 이롭게 하는 새롭고 창조적인 것으로 이어졌는지 여기서 말하고자 한다. 다음은 채디가 내면 작업 초기에 갖게 된 비전이 세상 속에서의 새로운 행동으로 발전한 사례다.

> 우리가 옥상에 있는 아이를 처음 방문했었던 톰과의 치료 회기에서, 시간이 끝나 갈 무렵 아이는 나에게 비행기를 타고 싶다고 했다. 그때 나의 한 부분이 너무 유치하다고 험담을 하면서, 아마도

"너무 큰 꿈을 꾸는 거 같다."라고 한 것을 나는 기억한다. 나는 어린아이들이 그러듯, 아직도 자면서 하늘을 나는 꿈을 꾸곤 한다. 한번은 내담자들을 치료하느라 긴 하루를 보내서 너무나 지쳐 내담자들의 이야기를 듣는 것도 버거워하고 있을 때가 있었다. 말을 하기조차 힘들어하는 학대 피해 여성과의 치료 회기가 끝나 가던 무렵이었다. 나는 여전히 그 후에도 상담 약속이 하나 더 남아 있었고 피로감이 나를 엄습해 오는 것에 대해 돌파구가 필요했다. 나는 숨을 몰아쉬고는 내 안의 어린 소년 부분에게 '하늘을 날게 해 줄 거라고 약속해.'라고 속으로 말해 주었다. 나는 그 주말에 패러글라이딩을 하러 가기로 되어 있었다. 나는 약간 기운을 되찾고 치료사로서의 긴 하루를 마쳤고 주말에 패러글라이딩을 하러 갔다. 비싼 돈 들여 패러글라이딩을 할 거면 차라리 주변 사람들한테 그 돈을 주라고 하는 내 안의 부분들과, 패러글라이딩을 하기에는 내가 주중에 게을렀다고 하는 부분들과 토론을 마친 후였다. 나는 기분이 좋았다. 나는 그 소년을 잘 돌보고 있는 것 같았다. 하지만 나에게 내 안의 무언가가 조심스럽게, 소년이 원한 것이 이게 아니라고 말해 주고 있었다.

한 달 또는 두 달 후, 참자기의 창의성이 그 아이를 도왔다. 휘발유도 얻기 힘들고 전기도 거의 들어오지 않는 상황에서의 모든 어려운 조건에도 불구하고, 나는 내가 이끄는 NGO인 이쓰라 레바논(Ithraa Lebanon)[1]에서 '**숨 쉬고 내면의 희망 찾기**(Breathe and

1 레바논의 비정부기구(NGO)이다. 지역 사회 구성원 모두가 친밀감을 심화하고 사회 정서적 능력을 더욱 발전시켜 관계를 풍요롭게 할 수 있도록 코칭 세션과 트레이닝 프로그램을 제공하는 비영리 단체이다.

find the Hope within)'라는 제목의 청소년 캠프를 조직하는 데에 도움을 받을 수 있었다. 그 캠프 프로그램은 IFS 치료가 딸에게 매우 도움이 된 후 마음을 열게 되었던 한 아버지에게서 자금 지원을 받았다. 그 캠프에는 10대들이 있었다. 캠프의 내용에는 재미있는 활동들, 예술 치료, 그리고 리더십 트레이닝이 포함되어 있었다. 그

〈p. 231 컬러 작품 참고〉

캠프는 주로 IFS 치료를 기반으로 했으며, 우리는 그 10대들이 자신의 보호자와 연결되고 추방된 부분을 찾아 치유를 경험할 수 있도록 도왔다. 그 캠프는 참가한 아이들에게만 희망을 가져다준 것이 아니라, 우리가 이 서비스를 무료로 제공한다는 것을 믿기 어려워하던 아이들의 부모님에게까지도 널리 희망을 갖게 해 주었다.

아이들은 캠프에서 무거운 슬픔과 절망의 짐을 갖고 있는 자신들의 부분들을 만난 후, 우리들의 도움으로 웃고 있는 희망찬 부분들도 찾을 수 있었다. 톰의 트레이닝을 도와 온 독일 치료사 앤-캐트린이 거의 매일 나와 함께 머리를 맞대고 고민하며 도와주었고, 너무나 고맙게도 나와 통화하며 같이 아이디어를 구상해 주었다. 우리는 캠프의 어린 참가자들에게 내면 안에 있는 부분들의 생각과 감정을 바탕으로 그림을 그리도록 했다. 캠프의 어린 참가자들이 그린 그림을 모아, 캠프의 마지막 날 그 부분들의 이미지를 날개로 만들었다. 모든 참가자들은 희망의 표시로 이 날개를 달고 사진을 찍었다. 희망의 날개를 단 아이들의 얼굴은, 톰과 했던 내 치료 작업에서 만났던 옥상 위의 아이가 회기가 끝날 때 말해 준 날고 싶다는 소망에 한층 가까워 보였다.

이 캠프 프로그램의 가능성에 대해 IFS 인스티튜트(IFS Institute)[2]의 학교 변혁 팀[3]에서 논의하게 되었고, 아마도 세계 여

2 IFS 치료를 전 세계에 보급하여 알리기 위한 국제적 단체이자 교육을 하는 트레이닝 기관이다. 2000년에 IFS 치료의 창시자인 리처드 슈워츠에 의해 The Center for Self Leadership이라는 이름으로 설립되었고, 2019년에 현재의 이름으로 변경되었다. https://ifs-institute.com/

3 IFS 치료를 통해 새롭게 학교를 개혁하기 위한 주도적 노력을 기울이는 IFS 인스

〈p. 231 컬러 작품 참고〉

러 지역에서 같은 프로그램을 활용할 수 있을 것으로 보인다. 우리는 캠프에 참여했던 나이 어린 참가자들과 계속 연락하고 있으며 더 많은 캠프를 함께할 계획이다. 그때를 회고하면서 옥상 위의 내 아이 부분이 눈을 반짝이며 만족해하는 것이 느껴진다. 이 아이는 꿈을 갖는 것이 멋진 일이라고 하면서, 참자기 에너지가 주도하는 가운데 꿈을 추구하는 것이 얼마나 유익한지 내 안의 의심스러워하는 비판하는 부분들에게 보여 주고 있다. 하지만 이러한 비판하는 부분들이 이 아이에게 '겸손하게, 친애하는 친구'라고 말하고, 내 안의 아이 부분이 그 말에 동의하는 것도 나는 느껴진다.

티튜트 내의 하부 조직이다.

아직 갈 길이 멀지만, 그것은 그 여정의 아름다움 중 하나인 것이다!

채디는 자신의 개인적 내면 작업으로 인해 깊어진 참자기 에너지가 세상 속에서 이 아이들에게 흘러갈 수 있는 방법을 찾았다. 특히 나는 아이들이 만들었던 날개의 이미지를 좋아한다. 이 날개는 취약한 부분, 보호하는 부분, 영적 자원들을 함께 나타내는데, 모두가 지지받을 수 있는 공동체의 날개를 상징하고 있다. 채디가 캠프의 이름을 **숨 쉬고 내면의 희망 찾기**로 정한 것은 힐데가르트 성녀(Hildegard of Bingen)[4]의 영적인 구절을 떠올리게 한다. 그 구절은 '치유자의 마음 조율하기' 작업을 경험하는 이들을 위한 내 소망을 표현하고 있다고 생각한다. 힐데가르트 성녀는 신과 연결되어 깨어나게 될 때 갖게 되는 희망에 대해 적었다. 나는 이것이 내가 이 책의 이전 장에서도 계속 표현해 왔던 그 특별한 순간들과 같은 것이라고 믿는다. 힐데가르트 성녀는 다음과 같이 썼다. 이 이슬을 맛본 이들은 천상의 것들을 갈망하며, 그들 안에는 상쾌하고 충만한 생명의 푸르른 사랑이 깃들어, 그 사랑을 가지고 진정으로 곤경에 처한 이들을 도와 나가는 데에 앞장서게 된다. (Uhlein, 1983). 나에게 있어, 이 '푸르른 사랑(greeing love)'은 IFS 작업을 통해 깨어난 열린 마음의 에너지이다. 나는 채디가 어린이

4 힐데가르트 폰 빙엔, 11세기 독일 빙엔에 있는 로마 가톨릭교회의 베네딕도회였던 루페르츠베르크 수도원에 있던 수녀이다. 3권의 신학서, 2권의 치료법, 500가지의 식물 · 동물 · 광물에 대한 자료와 보석치료, 77편의 작곡, 300통의 편지 교류와 전기 저술을 썼다. 이 외에도 미사 때 사용하는 응답송과 「성덕의 열-오페라의 효시」라는 오페라도 만들었다. 3세 때부터 하느님의 비전을 보기 시작해 평생을 비전을 보고 기록하였다. 2012년 성녀로 시성되었다.

캠프를 진행하도록 한 에너지가 바로 그 에너지라고 믿는다. 힐데가르트 성녀는 이것을 '푸르게 물들이기(greening)'[5]라고 불렀다. 열린 마음 상태에서 참자기가 깨어나면 생명의 에너지가 우리 안의 아직 잠자고 있는 부분으로 흘러가 성장하고 발전할 기회를 갖게 되는 것이다.

5 힐데가르트 성녀가 중요하게 여긴 비리디타스(viriditas)의 영어 번역이다. 봄에 푸릇푸릇 초록의 생명이 움트는 것처럼, 영적이고 성스런 우주의 생명력을 뜻한다.

11장

마지막 회고

이 여정들을 되새기면서 나는 IFS와 영성이 함께할 때 일어날 수 있는 강력한 치유에 다시 감동하게 된다. 자신의 다양한 부분을 알고 이해하게 되면서 열린 마음의 참자기를 위한 공간이 우리의 내면 안에 생겨날 때, 자연스레 순리에 따라 영적인 삶과의 관계도 열리고 발전하게 되는 것을 보게 되곤 한다. IFS 치료를 통해 영적 삶이 열리고 깊어지는 경험은 치료에서 영성이 논의되지 않을 때라 할지라도 종종 일어난다. 나는 비종교적이고 과학적인 사람들이 IFS 치료를 받을 때, 치료사들이 영성을 전혀 언급하지 않았음에도 치유를 경험한 후에 깊은 영적인 삶에 눈을 뜨게 되는 것을 보아 왔다. 또한 나는 가혹하고 두려움에 사로잡힌 기독교 신앙에 의해 상처를 받아 온 사람들이 IFS 치료 과정을 통해 예수님과의 온화하고 자애로운 관계를 찾도록 작업해 왔다. 예수님과의 이러한 관계는 이후 내면 작업의 중심이 되었다.

이 열린 마음의 여정에 있어 또 다른 측면은 내가 공유했던 사례들처럼 깊은 치유가 일어난 후 평화와 경이로움, 기쁨을 경험하게 된다는 것이다. 아마도 어떤 사람들은 이러한 경험들을 '영적(spiritual)'이라고 이름 붙일 필요가 없다고 말할지도 모르지만, 이런 순간들이 내가 영적이라고 정의하는 것들에 가깝다. 그것들은 지적인 생각이라기보다는, 진리를 담고 있고 확장을 가져와 열린 마음이 될 수 있도록 하는 느껴진 경험들(felt experiences)이다. 나는 이러한 경험들에 대한 설명을 영적인 글에서 발견하기 때문에 이런 경험들을 영적이라고 부른다. 영혼이 열리고 순수해질 때 어떻게 되는가에 대해 단테(Dante)는 "말할 수 없이 완벽한 신의 사랑은 빛이 투명한 물체로 돌진하는 것과 같이 순수한 영혼으로 흘러 들어간다."라고 썼다(Mitchell, 1989). 내가 경험컨대, 내면 안에서 열린 마음 상태로 참자기의 공간이 점점 더 열리면 신성한 사랑은 자연스럽게 그 존재에게로 흘러 들어간다. 이것은 특히 오랫동안 추방되어 온 부분들이 짐을 내려놓고 연민에 찬 존재를 만나게 되는 경우 특히 더 그런 것 같다. 이러한 순간들은 매우 특별하며 나는 치료 작업에서 내담자의 그런 장면을 잠깐이나마 함께 목격하게 되는 것을 영광스럽게 느낀다.

IFS 치료가 영적인 삶의 중요한 측면이 될 수 있는 또 다른 방식은, 우리의 믿음을 뒤흔드는 일이 발생했을 때 앞으로 나아갈 길을 제시해 주는 것이다. 믿음의 위기는 여러 가지 방법으로 촉발될 수 있다. 때때로 한 사람의 신앙적 전통을 대표하는 이가 성적으로나 다른 방법으로 학대를 저지르기도 한다. 또한 종교 지도자들이 그 사람의 믿음을 흔드는 행동을 취할 때도 믿음의 위기는 찾아온다. 아랍의 봄 운동(Arab Spring Movement)[1] 이후 이 운동에 참여한 이들을 잔인하게 탄압하는 것에 많은 종교 지도자들이 반대하지 않았을 때, 이집트에서 이런 믿음의 위기가 일어났다. 이런 위기는 어떤 종교에서도 일어날 수 있다. IFS 치료는 배신감과 상처, 실망감을 느끼는 부분들을 작업할 수 있는 방법을 제공한다. 나는 이런 종류의 상처 때문에 수년간 영적인 삶을 포기한 사람들을 빈번하게 치료해 왔다. 그러나 그런 경험과 관련된 부분들을 작업하기 시작한 후, 그들은 기존에 상처를 받았던 종교에서든 새로이 찾은 다른 종교에서든 새롭고 활기찬 영적 삶을 되찾을 수 있었다.

채디와 같은 경험들도 있다. 그는 폭격이 일어났을 때 예수님에 대한 깊은 실망감을 느꼈지만 그것 때문에 영적인 삶을 포기하지는 않았다. 하지만 그는 그러한 감정을 담고 있는 부분을 추방시켰다. IFS 치료를 통해 그는 자신의 추방되었던 부분을 다시 되찾았고, 그 부분의 에너지와 통찰력을 갖게 되었다. 그는 또한 내면작업의 자원으로서 영성과 더 깊은 연결을 느끼게 되었다. 내가 그동안 기술해 온 치유 여정들을 볼 때 분명한 것은, IFS 치료를 통해 내면의 짐을 내려놓고 그간 갇혀 있던 것들이 풀려나게 됨에 따라 이러한 영적 에너지의 흐름이 너무나 자연스럽게 펼쳐진다는 것이다.

---

1 2010년 말 튀니지에서 시작돼 중동 국가 및 북아프리카로 확산된 반(反)정부 시위의 통칭이다. 이 아랍의 봄 여파로 튀니지, 이집트, 리비아 등에서는 오랜 기간 이어진 장기집권 체제가 막을 내리게 되었다. 그러나 이 운동에 참여한 이들을 이후에 탄압하는 일이 벌어졌다.

이러한 흐름에 대해 마음을 여는 것은, 도움을 주는 일을 하는 전문가들에게 매우 중요하다. 치료사들은 내담자들이 호소하는 고통을 꾸준히 접하게 된다. 치료사가 지속 가능한 방식으로 일을 하려면, 치료사 역시 정기적으로 자신의 내적 치유 작업을 해 나가야 하며 그럴 때 치료사들은 참자기 상태를 유지할 수 있다. 만약 치료사들이 그들 자신의 영적 근원과도 연결되어 있다면, 치료사들은 고통 속에서도 평화로운 마음자리를 유지하며 존재할 수 있다. 틱낫한은 우리가 치료사에게 찾아가야 한다면, 그 치료사가 기쁨을 알고 있는지에 대해 확신할 수 있어야 한다고 말했다. 치료사를 치유한다는 것은, 치료사들이 자신의 부분을 이해하고 조화로운 체계 내에서 부분들이 잘 자리 잡게 하는 데에서 오는 기쁨의 근원을 찾을 수 있도록 돕는 것을 의미하기도 한다.

치료사를 치유해 나갈 때의 또 다른 핵심 요소는 그것이 치료사로서 우리가 할 수 있는 일의 양이나, 다루어 나갈 수 있는 문제의 종류이든 또는 누군가의 고통을 덜어 줄 수 있는 역량이든 간에, 우리들 치료사 자신의 개인적 한계를 받아들이는 것이다. 남을 돕는 일을 하는 대부분의 전문가는 이러한 한계를 받아들이기 어려워하는 '돕고자 하는 부분(helper part)'을 가지고 있다. 지속 가능한 방식으로 일하기 위해서는, 우리가 우리의 한계를 넘으면서까지 밀어붙이도록 하기 쉬운 이 부분의 짐을 내려놓도록 해야 한다. 나는 내 스스로가 이 부분의 짐을 오랫동안 가져왔다는 것을 알고 있다. 이러한 부분들이 짐을 내려놓고 난 이후에, 다시 짐을 지고 예전의 습관으로 돌아갈 필요가 없다는 것을 부분들에게 상기시킬 수 있는 방법을 찾는 것도 중요하다. 나는 내 부분들에 대한 작업을 통해 이것을 잘 알고 있다. 이러한 이유로, 나는 과중하게 짐을 진 내 어린 소년 부분인 '토미(Tommy)'[2]의 그림을 내가 일할 때 볼 수 있도록 벽에 걸어 두고 있다. 나는 이 부분에 대해 30년 전 IFS 치료 작업 회기의 초기에 짐 내려놓기를 해 주었다.

〈p. 232 컬러 작품 참고〉

2 이너 액티브 카드 중의 한 장이다.

이것은 많은 시간과 에너지를 필요로 할 수도 있는 요청을 수락하기 전에, 내 현재 상태와 역량을 알고 있는 부분들에게 먼저 확인하는 것을 잊지 않게 도와준다. 꼬마 토미는 이제 내가 '아니요.' 라고 거절해야 할 때, 그것을 받아들일 수 있다. 다만 토미는 사람들이 필요한 것에 계속해서 아주 민감하므로, 단지 확인하고 확실히 하고 싶어 한다. 그게 토미가 나를 위해 하는 일 중 하나다.

열린 마음으로 치유와 깨달음을 향해 가는 여정은 경이로운 순간들을 경험하게 하고 영혼과의 깊은 연결감을 느끼게 한다. 이런 일이 일어날 때, 우리는 평화와 기쁨, 그리고 광활한 자애로운 존재와의 연결을 느끼게 된다. 이 순간들이 삶의 궤적을 바꿀 수도 있지만, 그런 순간을 경험했다고 해서 모든 부분이 이제 완전히 조화롭게 살아가게 되었다는 것을 의미하는 것은 아니다. 오히려 이런 순간은 우리 안의 부분들이 이번 생에서 내가 생존하고 번영하도록 너무나 열심히 돕고 있다는 것을 깨닫게 되는 점진적인 여정인 것이다. 그리고 이런 순간들을 통해 우리는 열린 마음 상태인 참자기와의 연결을 기억하도록 돕는 활동을 삶 안에서 어떻게 만들어 갈 것인가를 찾아 나서게 된다.

책의 결말을 맺으면서 그간 나와 함께 치유 여정을 함께해 온 내담자들과 이런 치유가 일어날 수 있게 한 IFS 치료 모델에 깊은 감사함을 느낀다. 열린 마음으로 임할 때의 치유적인 힘과 그때 흘러나오게 되는 연민에 대해 깊은 신뢰를 갖게 해 준 나의 여러 해 동안의 경험이 감사하다. 내가 내 내담자와 치료 작업을 하는 동안 이 흐름 안에 있을 때, 펼쳐지는 어떤 일이든 우리는 함께 고요히 자애로운 존재로서 마주할 수 있다는 것을 안다. 이 믿음은 단순한 신념이 아니라, 내가 이 책에서 공유했던 여러 사례와 같은 수백 번의 치유 경험을 통해 탄생한 자명한 결론인 것이다.

IFS 치료(Parts Work) / IFS 자료

www.wingedheart.org 저자의 웹사이트이다. 이곳에서 그간 저술한 글들과 제작해 온 비디오, 영적 자료 및 저자가 제공한 워크숍에 대한 정보를 찾아볼 수 있다.

www.inneractivecards.com 본문에서 나온 이너 액티브 카드를 여기에서 주문할 수 있다. 이 웹사이트에서 카드가 어떻게 사용되고 있는지 다양한 방법에 대한 정보 또한 찾을 수 있다. 그리고 시리아 난민들의 삽화를 사용한 카드 세트 역시 이곳에서 구입 가능하다.

www.ifs-institute.com 리처드 슈워츠의 IFS 인스티튜드를 위한 IFS 웹사이트이다. '자료' 항목을 클릭하면, 거주하는 지역 내의 IFS 트레이닝을 받은 치료사의 목록을 볼 수 있는 '프렉티셔터 디렉토리'를 포함한 여러 자료를 찾아볼 수 있다.

www.sanghayoga.com/coaching '요가 마인드셋 코칭'과 요가, IFS 치료를 통합한 카리나 미르스키(Karina Mirsky)의 치료 모델과 관련한 자료를 찾아볼 수 있다.

IFS에 대한 다른 책들

Early, J. (2012). *Self-therapy: A step-by-step guide creating wholeness* (2nd ed.). Pattern System Books. [이진선, 이혜옥 공역(2014). 참자아가 이끄는 소인격체 클리닉. 시그마프레스]

Holmes, T. & Holmes, L. (2011). P*arts Work: An Illustrated Guide to Your Inner Life* (4th ed.). Winged Heart Press. [이진선, 이혜옥 공역(2013). 소인격체 클리닉. 시그마프레스]

Mirsky, K. (2019). *Make a Difference and Make a Living Teaching Yoga*. Karina Mirsky.

Schwartz, R. C., & Sweezy, M. (2020). *Internal Family Systems Therapy* (2nd ed.). Guilford Press. [김춘경, 배윤선 공역(2021). 내면가족체계치료. 학지사].

Schwartz, R. C., & Morissette, A. (2021). *No Bad Parts: Healing Trauma and Restoring Wholeness with the Internal Family Systems Mode*l. Sounds True Publishing. [신인수, 박기영 공역(2023). 나쁜 마음은 없다: 누구나 상처 입은 내면아이를 품고 있으니, 온마음]

Steege, M. K. (2010). *The Spirit−led Life: Christianity and the internal family system*. M. K. Steege.

참고 자료

저자 서문

Schwartz, R. (2015). "2015 Internal Family Systems Conference-Bringing Self-Leadership to the Conflict in the Middle East," https://ifs-institute.com/store/139

Al-Ghazali (2010). "The Marvels of the Heart," Fons Vitae (April 1, 2010), p. 6.

10장

Duncan, B., Miller, S., Wampold, B., & Hubble, M., (Editors). (2010) *The Heart & Soul of Change: Delivering What Works in Therap*y 2nd ed. Edition. American Psychological Association; 2nd ed. Edition.

Uhlein, G. (1983). *Meditations with Hildegard of Bingen*. Sante Fe; Bear and Company, p. 69.

11장

Mitchell, S. (1989). The Enlightened Heart, p. 68.

PUMA

찾아보기

인명

[C]

Cece Sykes 129

Chady Rahme 113

[D]

Dante 216

Dymphna 22

[P]

Pema Chödrön 106

[R]

Robert Falconer 171

[S]

Sharon Sargent Eckstein 49

[T]

Tara Brach 100

내용

IFS 인스티튜트 211

No drama part 120

[ㄱ]

공동체 83

공황 상태 191

구약성경 85

기사 83

기억하기 127

[ㄴ]

나치 이데올로기 200

내사 172

내사된 것들 174

[ㄷ]

대물림된 짐 199

돌보미 부분 85

돕고자 하는 부분 67

[ㄹ]

레바논 114

[ㅁ]
마음의 거실 136
무서운 부분 139
무소속의 짐 172
미루는 부분 115

[ㅂ]
백기사 부분 178
변용 56
부분이 아닌 것들 161
불안 부분 139
비침범적 본질 31
빙의 172

[ㅅ]
살아 있는 환희 83
상위 자아 46
생명의 기쁨 93
성찬례 124
소인격체 클리닉 101
쇠막대 부분 137
순리 215
시리아 114
신성한 손 68
심상 안내 작업 39

[ㅇ]
아가페 37
아랍의 봄 운동 217
아름다운 불완전함 134
어둠의 에너지 179
영성과 상담 20
영적 에너지 28
영적 여정 121
영적으로 깨어난 마음 37
영적 임재 152
영적 자원 24, 135
영적 지지 117
영적 체험 28
완전한 변용 130
의식의 장 31
이너 액티브 카드 49
이쓰라 레바논(Ithraa Lebanon) 209
인도의 근원 40
인도자 28

[ㅈ]
자타리 캠프 82
적대적인 부분 181
정신통합 46
짊어진 짐 155

[ㅊ]
초자아 부분들 173
추방된 부분 26
충만한 불완전함 129

[ㅋ]
카드 실습 98
크리터(critter) 178

[ㅌ]

타깃 부분 86

통증을 느끼는 부분 188

[ㅍ]

푸르게 물들이기 214

푸르른 사랑 213

[ㅎ]

하위인격들 203

흑기사 부분 177

힐데가르트 성녀 213

힐링 이미지 82

저자 소개

톰 홈스(Thomas R. Holmes)

웨스턴 미시간 대학교(WMU)의 명예교수이다. 1985년부터 대학원 석사 및 박사 과정 학생들에게 심리치료를 교육해 왔으며, WMU의 통합적 건강 프로그램 책임자를 지냈다. 톰은 1980년대 후반에 리처드 슈워츠에게 내면가족체계(IFS) 치료를 훈련받았으며, 그 이후로 IFS 모델을 가르치고, 훈련하고, 임상에 적용해 왔다. 그의 전문 분야는 치료 과정에서의 영성이다. 톰은 전 세계적으로 10만 부 이상 판매되고 8개 언어로 번역된 『소인격체 클리닉: 그림으로 안내하는 내면의 삶(Parts Work: An Illustrated Guide to Your Inner Life)』의 저자이며, 지난 25년 동안 유럽, 중동, 아시아에서 IFS와 영성을 통합하는 교육을 제공해 왔다. 현재 그가 진행하는 워크숍은 IFS와 영성의 통합, 그리고 다양한 의료 전문가를 위한 '소진 예방' 또는 '치유자의 치유'에 초점을 맞추고 있다.

역자 소개

손성희(Seonghee Son)

국제공인 IFS 치료사(718호) / IFS 임상 슈퍼바이저

IFS 레벨 1, 2, 3 수료 / IFIO(IFS 부부치료) 기초, 심화 수료

국제 이마고 부부관계 치료 전문가 / 국제 이마고 부부 워크숍 리더

한국상담학회 1급 수련감독자

현 관계발전소 및 미국 Foothill Center for Healing Arts 운영

〈저 · 역서〉

IFS 마음 카드(공저, 관계발전소, 2022)

내면가족체계(IFS) 치료의 혁신과 발전: IFS 거장들의 임상사례 적용(공역, 학지사, 2023)

Korean IFS Cards(Great Mystery Press, 2024)

채유경(Yukyoung Chae)

IFS 치료사 / IFS 레벨 1, 2 트레이닝 수료

한국상담학회 1급 전문영역 수련감독자 / 국가 공인 1급 청소년상담사

한국기독교상담심리학회 수련감독 기독상담전문가

한국예술심리치료학회 수련감독 예술심리치료전문가

국제 부모역할훈련(AP) 지도자

전 호서대학교 교수

현 치유상담대학원대학교 교수

〈저 · 역서〉

이혼 · 별거 가정의 부모역할 · 자녀를 갈등으로부터 보호하기(공역, 학지사, 2009)

상담의 이론과 실제(공저, 파란마음, 2010)

내면가족체계(IFS) 치료의 혁신과 발전: IFS 거장들의 임상사례 적용(공역, 학지사, 2023)

내면가족체계(IFS) 치료와 영성

: 열린 마음의 치유 여정

Parts Work: A Path of the Heart
Healing Journeys Integrating IFS and Spirituality

2025년 7월 25일 1판 1쇄 인쇄
2025년 7월 30일 1판 1쇄 발행

지은이 • Thomas R. Holmes
옮긴이 • 손성희 · 채유경
펴낸이 • 김진환
펴낸곳 • ㈜학지사
• 04031 서울특별시 마포구 양화로 15길 20 마인드월드빌딩
대표전화 • 02-330-5114 팩스 • 02-324-2345
등록번호 • 제313-2006-000265호

홈페이지 • http://www.hakjisa.co.kr
인스타그램 • https://www.instagram.com/hakjisabook

ISBN 978-89-997-3461-8 93180

정가 17,000원